Wer will das jetzt noch essen?

Alle Wahrheiten über unser Fleisch, über das Verhalten der Fleischesser und vom Verhalten der Vegetarier

Zusammengetragen und kommentiert von:
Feilo Hauser

Copyright © 2016 Feilo Hauser
Lektorat: Verena Metzler – www.verena-metzler.de
Umschlag & Satz: Sabine Abels - www.e-book-erstellung.de
Coverbild: © dusanpetkovic1 (fotolia.com)

Verlag: tredition GmbH, Hamburg
Printed in Germany

Das Werk, einschließlich seiner Teile, ist urheberrechtlich geschützt. Jede Verwertung ist ohne Zustimmung des Verlages und des Autors unzulässig. Dies gilt insbesondere für die elektronische oder sonstige Vervielfältigung, Übersetzung, Verbreitung und öffentliche Zugänglichmachung.

Bibliografische Information der Deutschen Nationalbibliothek: Die Deutsche Nationalbibliothek verzeichnet diese Publikation in der Deutschen Nationalbibliografie; detaillierte bibliografische Daten sind im Internet über http://dnb.d-nb.de abrufbar.

Inhalt

1 Eine Frage der Ernährung 9
Muss ich Fleisch essen? 9
Du bist was du isst! Eine kurze Einleitung 10
Von Fakten und Studien: Die China Study 11
Die Lügen der Fleischindustrie 14
Eisenmangel als Angstmacher 15
Zwingende Logik 17
Unser tägliches Glas Milch 17
Milch tut nur Kälbern gut 19
Kalzium & Osteoporose 20
Die Natürlichkeit der Dinge oder wozu sind Eier da? 21
Gebrauchte Nährstoffe 24
Zwischenfazit: Sind wir Allesfresser? 25
Falsch informiert und belogen 26

2 Eine grundlegende Moral 29
Darf ich Tiere essen? 29
Der gute Geschmack 29
Das Beispiel des Bewusstseinsstandes: 30
Gruppen I, II und III 30
Zweierlei Moral 33
Kann es leiden? 34
Die Zulässigkeit einer Vorliebe 35
Kann jeder selber entscheiden, ob er Fleisch essen möchte? 36

3 Bequemlichkeit der Epigonen 38
Menschen haben doch schon immer Fleisch gegessen! 38
Argument 1: „Menschen haben schon immer Fleisch gegessen!" 39
Argument 2: „Fleisch zu essen ist für Menschen natürlich!" 42

Argument 3: „Die Tiere töten sich untereinander doch auch." 46
Argument 4: „Wir züchten die Tiere doch extra zum Verzehr!" ... 49
Argument 5: „Würden wir kein Fleisch konsumieren, gäbe es viele Arbeitslose." 50
Argument 6: „Dann darf man ja bald überhaupt nichts mehr!" 53

4 Die beiden Philosophen, die Außerirdischen und ich 57
Eine Frage der Sichtweise 57
Der erste Philosoph und die Außerirdischen 57
Der zweite Philosoph und die Außerirdischen 59
Ich und die Außerirdischen 60

5 Das Ende der Nahrungskette 62
Die Verantwortung des Menschen durch seine besondere Stellung 62
Der Starke schützt den Schwachen 62
Machtgebrauch oder Machtmissbrauch 64

6 Exkurs I: Die Jäger und der Tierbestand 66
Muss der Mensch den Tierbestand regulieren? 66
Die Wildtierfütterung genannt „Hege" 67
Die wirklichen Motive der Jäger 70
Jäger und Tierliebe 71
Gesund durch Naturbelassung 73

7 Die Logik und das zu Ende Denken der Gedanken 76
Denkvermögen und Intelligenz 76
Ist quälen schlimmer als töten? 77

8 Jenseits von Recht und Moral 80
Fleisch ist kein Naturprodukt 80
Die Menge 80
Fleisch als Kunstprodukt: geplante Tiere 81

Nachbehandlung und Vollendung zum Kunstprodukt 83
Keimbelastung 83
Und auch noch Pestizidbelastung 85
Fazit 85

9 Was Fleischverzehr anrichtet 87
Verantwortlichkeit 87
Die vierte Dimension: Wahnsinnig viele Tiere 88
Die fünfte Dimension: Wahnsinnig viele Tiere ohne Toilette 90
Einsicht in die Produktionsmethoden 93
Das zarte Hühnerfleisch 94
Das leckere Schweineschnitzel 95
Nahrung für Vieh statt für Menschen 100
Pflanzen haben auch Schmerzen! 101

10 Das Märchen von der artgerechten Haltung 103
Das Leben im Wandschrank 104

11 Die Folgen der Fleischproduktion für die Umwelt 108
Das größte Rückwärtsgeschäft der Menschheitsgeschichte 108
Einsatz = 100, Ertrag = 5 109
Zerstörung der Lungen unserer Erde 111
Lieber Fische essen? 112

12 Geschmack ist austauschbar 114
Von der Gehirnwäsche, Fleisch würde besser schmecken 114
Dir schmeckt, was du willst! 115

13 Was Vegetarier erreichen 119
Fleischverzicht wirkt sofort! 119
Da sind andere Dinge wichtiger 120
Ein Fanal 121
Wahrnehmungsstörung 122

14 Widerstand durch Aufklärungsverweigerung 126
   Fakten ignorieren 126
   Muss ich nicht wissen! 128
   Verdirb mir den Appetit nicht! 129
   Das kann man nicht vergleichen 130
   Infantile Argumente 131
   Das Myers-Syndrom 132
   Fleischesser in der Überzahl 134
   Religiöse Züge 136

15 Aufklärungspflicht 138
   Aufklärung 138
   Jede Form der Aufklärung? 139
   Fast jede Form 141
   Spott über Moralisten 142

16 Wie mir der Fleischverzehr begegnet 145
   Die Gesundheit 145
   Die Gesellschaft der Fleischblockade 151
   Konventionsflucht 159

17 Exkurs II: Religion 163
   Fleischkonsum in den Religionen 163
   Christentum 164
   Auszüge 166
   Islam 171
   Buddhismus 172

18 Literaturverzeichnis 175
   Hauptquellen 175

Quellenangaben mit Fußnoten 177

Weiterführende Medien 179

Dieses Buch argumentiert im moralgefüllten Raum und klärt restlos auf. Denn Wissen ist Macht!

„Sind das deine Kinder, Geist?" „Nein, es sind der ganzen Menschheit Kinder. Das Mädchen heißt Not und der Knabe heißt Unwissenheit. Hüte dich vor beiden, doch am meisten fürchte den Knaben. Denn auf der Stirn der Unwissenheit steht Verderben geschrieben!"
CHARLES DICKENS (1812 – 1870), «Eine Weihnachtsgeschichte»

1 Eine Frage der Ernährung

Muss ich Fleisch essen?

Ich möchte gleich mit dem Wichtigsten beginnen: Es ist nicht notwendig, Fleisch zu essen. Alle wissenschaftlichen Erkenntnisse der letzten 50 Jahre sowie eine Jahrtausende überspannende Erfahrung zeigen uns: Es muss kein Fleisch gegessen werden, um sich gesund und nachhaltig ernähren zu können.
Fleisch enthält nur wenige Vitamine, dafür jedoch einige Ernährungsbausteine wie Eiweiß, Eisen und Fett, welche für die menschliche Ernährung von Bedeutung sind. Diese Bausteine kann der menschliche Körper jedoch nicht vollständig aus dem Fleisch übernehmen. Darüber hinaus sind Eiweiß, Eisen und Fett auch in pflanzlichen Lebensmitteln enthalten – und sogar in hochwertigerer Form. Es ist also für den menschlichen Organismus nicht notwendig, Fleisch zu essen. Wie wir heute wissen, ist es gesünder, auf tierisches Fett und Eiweiß sogar ganz zu verzichten.

„Fleisch ist ein Genussmittel und für den Großteil der heutigen Zivilisationskrankheiten wie Krebs, Osteoporose, Herz-Kreislauf-Erkrankungen, Diabetes usw. mitverantwortlich!"
Dr. med. HANS-GÜNTER KUGLER (*1)

Du bist was du isst! Eine kurze Einleitung

Das Folgende ist eine Theorie, die niemand zu glauben braucht, auch wenn sie sehr schlüssig klingt. Weitere empirische Fakten folgen nach dieser einleitenden Theorie.
Es ist die Theorie der Zellspeicherung. Wir alle wissen, dass hochkomplexe Informationen in den Zellen der Lebewesen und Pflanzen gespeichert werden. Zum Beispiel ist es möglich, eine Pflanze aus einer Zelle einer anderen Pflanze neu zu erschaffen – das sogenannte klonieren oder klonen. Das gleiche gilt für Lebewesen, also Tiere und Menschen. Wir wissen also, dass alle Informationen über Aufbau und Struktur eines hoch komplizierten Organismus in einer Zelle dieses Organismus gespeichert sind.
Ist es da nicht logisch anzunehmen, dass wir die gespeicherten Informationen in uns aufnehmen, wenn wir das entsprechende Lebensmittel, das heißt Fleisch oder Gemüse, essen?
Pflanzliche Nahrungsmittel sind lebendige Nahrungsmittel. Wir wissen, dass Obst nach der Ernte noch nachreifen kann, dass Kartoffeln oder Getreide noch nach der Ernte, also nach der Trennung von der Mutterpflanze, keimen können. In diesen lebendigen Zellen sind Lebensenergie und Lichtenergie der Pflanze gespeichert. Die Natürlichkeit und die Kräfte der Erde stecken in diesen Zellen und diese Lebensenergie nehmen wir beim Verzehr der Pflanze in uns auf.
Fleisch dagegen ist ein totes Nahrungsmittel. Eine Tierleiche fängt sofort nach der Tötung an zu zerfallen und zu verwesen. Wir können diesen Vorgang verlangsamen, indem wir die Leichenteile kühlen, jedoch wird er im Moment der Tötung bereits in Gang gesetzt. In den Zellen des Tieres ist alles aus seinem Leben gespeichert. Und ein Masttier hat in seinem Leben, bis zu seiner grausamen

Schlachtung, nichts anderes erfahren als Schmerzen, Angst, Verzweiflung, Qual und letztlich Todesangst. Masttiere leben in unbeschreiblichen hygienischen und platzlichen Zuständen in fensterlosen Hallen und können so keine natürliche Lichtenergie speichern. Sie bekommen künstliches Futter und chemische Medikamente. In ihren Zellen können sich nur negative Informationen abspeichern, die wir durch den Verzehr des Fleisches dann aufnehmen. Vielleicht erklärt es sich so, dass Vegetarier bereits seit Jahrtausenden als friedfertiger, ausgeglichener und aggressionsfreier gelten als Fleischesser.

„Du bist, was du isst!" Altes Sprichwort

Von Fakten und Studien: Die *China Study*

Zahlreiche Ärzte und Ernährungswissenschaftler haben in den letzten Jahren und Jahrzehnten immer wieder betont, dass es keinen einzigen Grund gibt, Fleisch zu essen. Das prominenteste Beispiel ist Prof. T. COLIN CAMPBELL, der 2005 seine sogenannte *China Study* (*2) veröffentlichte. Die Studie basiert auf Daten aus 27 Jahren, ausgedehnten Laborversuchen und der Zuhilfenahme zahlreicher weiterer Studien sowie des Chinesischen Krebsatlas, in den die Daten von 800.000.000 Menschen eingeflossen sind, und zeigt eindrucksvoll: Fleisch- und Milchprodukte sind nicht nur überflüssig, sondern auch für unsere Zivilisationskrankheiten verantwortlich und somit höchst schädlich.

CAMPBELL zeigt, dass tierische Proteine, also Proteine aus Fleisch- und Milchprodukten, für praktisch alle Zivilisationskrankheiten verantwortlich sind. Dazu gehören Krebs, Diabetes, koronare Herzkrankheiten, Gicht, Rheuma, Multiple Sklerose, Osteoporose, depressive Erkrankungen, Impotenz usw. Die verdächtigen giftigen Umwelteinflüsse sind demnach nicht die Hauptursache für Krebserkrankungen. Auch die vielzitierten Erbanlagen sind nicht die Hauptursache für Krebserkrankungen. Die Hauptursache ist der Verzehr von tierischen Erzeugnissen wie Fleisch- und Milchprodukten durch die darin enthaltenen tierischen Proteine.

Ein eindrucksvoller Laborversuch, den CAMPBELL in seinem Buch beschreibt, zeigt uns, dass Krebs erst durch die Ernährung mit tierischen Proteinen ausgelöst werden kann.

CAMPBELL und sein Forscherteam vergifteten 300 Ratten mit Aflatoxinen, einem der stärksten Karzinogene, die wir kennen. 200 dieser Ratten wurden daraufhin mit Nahrung gefüttert, der ein hoher Tierproteinanteil zugrunde lag, genau wie er in Fleisch- und Milchprodukten heute vorkommt. Alle zweihundert Ratten bekamen Krebs. 100 Ratten wurden mit Nahrungsmitteln gefüttert, die einen niedrigen Proteingehalt pflanzlichen Ursprungs aufwiesen. Keine dieser Ratten bekam Krebs. Nach der Hälfte der Zeit des Experimentes wurde bei 100 der 200 Ratten, die Karzinome, also Krebs, entwickelt hatten, die Ernährung auf eine Kost mit niedrigem Proteingehalt pflanzlichen Ursprungs umgestellt. Bei allen 100 Ratten bildeten sich die Karzinome zurück und sie wurden wieder gesund.

Die Tatsache, dass die beschriebenen Versuche jedes Mal 100:0 ausgingen, ist von immenser Bedeutung. 70:30 wäre bereits ein überzeugender Wert gewesen. 100:0 ist geradezu überwältigend und lässt keine Zweifel mehr zu. Es zeigt uns, dass Krebs durch eine rein pflanzliche Ernährung nicht nur verhindert, sondern sogar (bis zu einer gewissen Wachstumsgröße) rückgängig gemacht werden kann. Es zeigt uns auch, dass einige Krebsarten erst durch die tierischen Proteine in der Nahrung aktiviert werden. Das Karzinogen allein reicht also nicht aus, wie wir es bei den Aflatoxinen gesehen haben. Es würde sich verhalten wie ein Samenkorn, das kein Wasser bekommt und ohne Wachstum in der Erde verbleibt. Demnach kann auch die genetische Vorbelastung allein noch keinen Krebs auslösen.

Dies zeigten auch CAMPBELLS Laborversuche mit den sogenannten Foci. Foci sind Zellverdichtungen von Krebsvorläufern. Das Wachstum der Foci war beinahe gänzlich von der konsumierten Proteinmenge abhängig, egal wie viele Aflatoxine verabreicht wurden. Die Foci wuchsen weit mehr bei einer Ernährung mit hohem Proteinanteil, wie er in den Fleisch- und Milchspeisen vorkommt.

Doch CAMPBELL untersuchte nicht nur den Zusammenhang zwischen tierischen Proteinen und Krebs, sondern nahm auch andere Erkrankungen in den Blick. Zu nennen sind hier koronare Herzkrankheiten, Diabetes, Adipositas sowie Autoimmun- und Knochenkrankheiten wie Osteoporose – also generell Überflusserkrankungen. Die Ergebnisse zeigen deutlich die positiven Auswirkungen einer fleisch- und milchfreien Ernährung auf die menschliche Gesundheit. Dazu an anderer Stelle mehr (u. a. in Kapitel 16).

WIKIPEDIA klärt uns auf: Die häufigste Ursache für Todesfälle bei Krebs ist die Ernährung (35 % Anteil), gefolgt vom Rauchen mit 30 % Anteil. Toxine und chemische Giftstoffe in der Nahrung machen einen verschwindend kleinen Anteil von 1 % aller Krebstodesfälle aus.

Die Lügen der Fleischindustrie

Die Erkenntnis, dass Fleisch schädlich ist, beruht neben diesen wissenschaftlichen Forschungen auch auf anderen Langzeitstudien, die uns deutlich gezeigt haben: Die vegetarische, besser noch die vegane Ernährung ist völlig unbedenklich, natürlich und gesund für den menschlichen Organismus. Denn die überwiegend vegane Lebensweise ist der Urzustand der menschlichen Ernährung.

„Wenn man die Daten betrachtet, ist der optimale Anteil an Fleisch in der Ernährung null."
   WALTER WILLET, U.S.-amerikanischer Krebswissenschaftler (*3)

Durch die relativ neue Fleischindustrie sind uns in neuerer Zeit verschiedene verkaufszahlensteigernde Irreführungen als Fakten verkauft worden. Hierunter fallen auch Fehlinformationen zu dem für die menschliche Ernährung notwendigen Proteinanteil im Essen. Um die hohe Proteinkonzentration im Fleisch positiv darzustellen, ist durch den Einfluss der Fleischindustrie ein viermal höherer Mindestwert in Umlauf gesetzt worden, als tatsächlich nötig ist. Die offizielle, von der Fleischlobby beeinflusste Empfehlung beträgt 150 Gramm täglich. In Wirklichkeit sind jedoch 30 Gramm völlig ausreichend.

Ein hoher Proteinanteil in der Nahrung ist keineswegs gut für den Menschen. Wie wir an der menschlichen Muttermilch ablesen können, beträgt der optimale Proteinanteil in für Menschen geeigneten Nahrungsmitteln 1,5 %, wie es bei Obst und Gemüse der Fall ist. Ungünstig für Menschen ist der hohe Anteil von 25 %, wie er in Fleisch- und Milchprodukten zu finden ist.

Auch über den Nutzen der Proteine sind wir konsequent belogen worden. Seit vielen Jahren ist bekannt, dass zu viele zugeführte tierische Proteine nicht vollständig abgebaut werden können. Zu viele tierische Proteine führen aber zu demselben Effekt, der auch durch die Cholesterinfette ausgelöst wird: Ablagerungen in den Arterien, genauer in den Zellwänden, die letztlich einen Herzinfarkt und einen Schlaganfall auslösen. Pflanzliche Proteine jedoch sind für den menschlichen Organismus völlig unbedenklich. Etwaige Überschüsse werden vom Körper vollständig abgebaut und ausgeschieden.

Pflanzliches Eiweiß ist für den Menschen somit nicht nur völlig unbedenklich, sondern auch hochwertiger. Entgegen der landläufigen und äußerst hartnäckigen Meinung ist tierisches Eiweiß für die menschliche Ernährung nicht notwendig, ja sogar schädlich! Das heißt, es kann gefahrlos auf tierische Proteine, sei es aus Fleisch- oder aus Milchprodukten, verzichtet werden.

Eisenmangel als Angstmacher

Der von der Fleischindustrie oft zitierte bedenkliche Eisenmangel ist eine reine Irreführung. Fleisch hat natürlich einen hohen Eisengehalt, jedoch eignet es sich nicht, um einen Eisenmangel auszugleichen. Das im Fleisch vorhandene Eisen kann vom menschlichen Körper nicht in dem Maße abgespalten werden, dass es einen maßgeblichen Einfluss auf den Ausgleich des Eisenhaushaltes haben kann. Das liegt daran, dass durch die Artenähnlichkeit des fleischlichen Eisens der körpereigene Regulierungsmechanismus umgangen wird. Das Eisen wird sozusagen tellerfertig serviert. Bei pflanzlichen Eisenträgern, wie Erbsen, Fenchel, Feldsalat usw., aktiviert der Organismus den körpereigenen Stoffwechsel und sorgt so für einen gesunden Eisenhaushalt.

Diese und viele andere negative Fakten über die Ernährung mit Fleisch sind seit mehr als 50 Jahren bekannt. Sie sind evident, empirisch, durch Langzeitstudien belegt und können leicht in der einschlägigen Literatur abgerufen werden.

„Die Fehlinformationen über den Fleischverzehr sind ein weltweit gängiges System der legalen Manipulation. In den Ernährungsgremien sitzen Lobbyisten, Ernährungswissenschaftler und Ärzte, PR- und Marketingfachleute, die von der Fleisch-, Milch- und Eierindustrie finanziert werden. Diese Personen arbeiten die offiziellen Ernährungsempfehlungen für die Bevölkerung aus. Diese Empfehlungen widersprechen deshalb dem Stand der seriösen Wissenschaft. Trotz der überwältigend eindeutigen Beweislage aufgrund der seriösen wissenschaftlichen Fakten verbreiten große Teile der Presse, unwissende Ärzte und vermeidliche ‚Ernährungsexperten' lieber Unwahrheiten und Irreführungen der Tierindustrie und falsche Lehrmeinungen vergangener Zeiten. Insgesamt ist es ein gesundheitspolitischer Skandal ersten Ranges.

Die Politik, insbesondere die EU, subventioniert entgegen jeder Vernunft und Moral die Fleisch- und Milchindustrie massiv mit Steuergeldern. Die EU-Agrarsubventionen machen knapp die Hälfte des EU-Haushalts aus, mehr als 50 Milliarden Euro im Jahr."

Dr. ERNST W. HENRICH, «Vegan, die gesündeste Ernährung» (*3)

Zwingende Logik

Das Postulat, dass Fleisch für die Ernährung des Menschen notwendig ist, kann durch eine simple Tatsache widerlegt werden: Täglicher Fleischverzehr ist eine Neuerscheinung und existiert erst seit der zweiten Hälfte des 20. Jahrhunderts. Zuvor haben die Menschen zwar auch bereits Fleisch gegessen, jedoch so wenig, dass es in ihrer Ernährung keine relevante Rolle spielte. Und in weiten Teilen der Welt ist es heute noch so.
Der Verzicht auf Fleisch ist keine Erfindung der Moderne. Hesiod, Platon und Ovid erwähnten die vegetarische Lebensweise als charakteristisch für die frühesten Zeiten. Und auch heute noch leben die meisten Menschen auf der Erde vegetarisch, denn ihnen fehlt schlicht und einfach das Geld, um sich Fleisch leisten zu können. Sie sind gezwungen, auf Fleisch in ihrer Ernährung zu verzichten, oder sie können nur so wenig Fleisch kaufen, dass es anteilig in ihrer Ernährung keine Rolle spielt.
Hinzu kommen etwa 300 Millionen Inder, die aus hinduistischer Überzeugung heraus dauerhaft auf alle Tierprodukte verzichten. Fleisch ist somit nicht lebensnotwendig, sondern ein reines Luxusgut.

Unser tägliches Glas Milch

In Kapitel 1 haben wir gesehen: Es ein Mythos, dass der Mensch tierische Proteine für seine Ernährung benötigt. Das gilt auch für die Proteine aus unserem täglichen Glas Milch.

Dass Milch gesund ist und gerade von Kindern konsumiert werden sollte, ist ein Irrglaube, der sich vor allem dank der Beeinflussung durch die Milchindustrie und deren Lobbyarbeit und Werbung durchsetzen konnte. Dieser Unsinn ist von nicht wenigen Wissenschaftlern und Ärzten propagiert und mitgetragen worden. Kuhmilch und Kuhmilchprodukte sind in der Tat gesund – aber nur für Kühe. Nur Menschenmilch ist für Menschen gesund. Darüber hinaus sind Menschen die einzigen Säugetiere, die im Erwachsenenalter noch Milch zu sich nehmen. Alle anderen Säugetiere nehmen Milch nur im Säuglingsalter auf und auch dann nur die Muttermilch ihrer eigenen Art. Menschen trinken ihr Leben lang Milch, jedoch artfremde Milch, die für Kälbernachwuchs als Stillzeiternährung entstanden ist – und das soll ein gesundes und natürliches Nahrungsmittel für Menschen sein? Die Natur hat Menschenmilch für Menschen geschaffen, Schweinemilch für Schweine, Rattenmilch für Ratten und Kuhmilch eben für Kühe. Sie zu trinken ist für den Menschen nicht gesund oder natürlich.

Es gibt Völker auf der Erde, Menschenvölker wohlgemerkt, die ihr ganzes Leben so wie alle anderen Säugetiere verbringen: Sie nehmen nur im Säuglingsalter Milch zu sich, aber Menschenmuttermilch, und beziehen den Rest ihres Lebens die Proteine allein aus pflanzlichen Nährstoffen. Etwa Dreiviertel aller Menschen auf der Erde leben im erwachsenen Alter völlig ohne Milch und Milchprodukte.

Bei unserem täglichen Glas Milch handelt es sich wohl eher um ein Verhalten, das wir kultiviert haben – doch natürlich für den Menschen kann das niemals sein. Es bedeutet, die Eiweißbausteine sein Leben lang von artfremder Muttermilch zu beziehen. Milchverzehr (sehr wenig) kann bestenfalls neutral für den Menschen sein, aber niemals natürlich und gesund.

„Der Mensch kann also in allen Lebensphasen sehr gut ohne tierische Milch leben. Milch ist, entgegen der von den entsprechenden Industrien gesponserten Propaganda, kein unentbehrliches Nahrungsmittel – und auch kein gesundes, ja nicht einmal ein natürliches."

A. RISI, R. ZÜRRER (*1)

Milch tut nur Kälbern gut

Menschen sollten Milch meiden, sagt Dr. COLIN CAMPBELL, Professor für Biochemie an der Cornell University. CAMPBELL arbeitete über 40 Jahre in der Ernährungsforschung und untersuchte zusammen mit seinem Team über Jahre hinweg die Beziehung zwischen Ernährung und Zivilisationskrankheiten in 170 chinesischen Dörfern. 2005 veröffentlichte er seine viel beachtete *China-Study* (*2), die als eine der umfassendsten und aussagekräftigsten Studien zu den Auswirkungen von Ernährung und Lebensstil auf die Gesundheit gilt.
Den Inhalt fasst KAREN DUVE in ihrem Buch «Anständig essen» zusammen. Hier eine sinngemäße Wiedergabe:
„Nur sehr wenige Menschen können Milch überhaupt vertragen. Die meisten Säugetiere, so auch der Mensch, können dies nur im Säuglingsalter. In dieser Zeit bilden sie nämlich das Verdauungsenzym Laktase, das den Milchzucker aufspaltet. Werden Babys nach einigen Monaten entwöhnt, wird auch das Enzym nicht mehr gebildet. Diese sogenannte „Laktose-Intoleranz" ist keine Krankheit und kein Gen-Defekt, sondern für 75 % der erwachsenen Weltbevölkerung bis heute der Normalfall. **Sie ist**

eine sinnvolle und natürliche Reaktion des Körpers, der ein schädliches und falsches Nahrungsmittel abstößt. [Anm. d. Autors] *Die Laktose-Toleranz, also die Verträglichkeit der Milch für manche Menschen, ist eine Mutation, die sich nur bei Ethnien durchgesetzt hat, die bereits vor einigen tausend Jahren begonnen haben, Viehwirtschaft zu betreiben.*

In Afrika vertragen 90 % der Bevölkerung keine Milch. In Südostasien 98 %. In Ländern wie Deutschland sind allerdings 75 % bis 86 % der Menschen Mutanten, die Käse und Milch verdauen können. Das heißt aber nicht, dass Milchprodukte gesund für sie sind oder dass sie das in der Milch enthaltene Eisen oder die Proteine auch vernünftig abspalten können. Sie können es nur verdauen, ohne Bauchweh zu bekommen!

Allein die Tatsache, dass 75 % der Menschen keine Milch konsumieren, legt den Verdacht nahe, dass Milch ein überflüssiges Produkt sein könnte."

KAREN DUVE, «Anständig essen»

Kalzium & Osteoporose

Die Milchindustrie will uns weismachen, dass für uns und gerade für unsere Kinder das knochenaufbauende Kalzium aus der Milch wertvoll ist.

Jedoch beugt Milch Osteoporose nicht vor! Denn Osteoporose kommt in den Laktose-Intoleranz-Gebieten wie Afrika und Asien viel seltener vor als in den Gebieten mit hohem Milchkonsum wie Schweden, Finnland, England oder den USA, wo Osteoporose besonders häufig vorkommt.

Es gibt die wissenschaftliche These, dass die kombinierte Aufnahme von Kalzium und Eiweiß, wie sie bei Milchprodukten nicht zu vermeiden ist, nicht zur Kalziumaufnahme, sondern im Gegenteil zur forcierten Ausscheidung von Kalzium führt. Denn bei der Verdauung von tierischem Eiweiß entsteht Phosphorsäure, zu deren Neutralisation der Körper Kalzium benötigt. Und zwar mehr, als in der Milch vorhanden ist. Das hat den Effekt, dass der Körper dafür das Kalzium aus den Knochen schwämmen muss. Die Flut von Arbeiten, die diese These belegen, ist seit 1920 schier unüberschaubar.

Seit Jahren wird uns erzählt, dass Milch Osteoporose verhindert. Die Wissenschaft zeigt uns aber eindeutig, dass Milch Osteoporose nicht verhindert, sondern im Gegenteil sogar verursachen kann.

Zudem ist bekannt, dass Kalzium aus Milch eine nur niedrige Bioverfügbarkeit für den menschlichen Organismus besitzt. Dass Kalzium in Milch enthalten ist, bedeutet noch lange nicht, dass es der Körper auch vernünftig verwerten kann.

Die Natürlichkeit der Dinge oder wozu sind Eier da?

Fleisch ist überflüssig, schädlich und nicht zum Verzehr gedacht. Das gilt jedoch nicht nur für Fleisch allein, sondern auch für Milch (einzige Ausnahme ist die arteigene Milch im Säuglingsalter) und Eier.

Der Inhalt von Eiern einer jeden Vogelrasse, auch der Inhalt eines Hühnereis, ist als Nährvorrat für den arteigenen Nachwuchs gedacht. Weder Milch noch Eier sind als Dauerernährung für andere Rassen und Spezies vorgesehen. Das sind Zweckentfremdungen, die mit der natürlichen Zuordnung der Produkte nichts zu tun haben.

Auch Fleisch wird als Nahrungsmittel zweckentfremdet. Die natürliche Funktion von Fleisch ist nicht die, als Nahrung zu dienen. Fleisch, das heißt Muskeln, Fettgewebe und Organe, hat einzig die Funktion, das bestmögliche Fortleben des eigenen Gesamtorganismus sicherzustellen. Schon allein an der natürlichen Zweckmäßigkeit lässt sich somit erkennen, dass Fleisch-, Milch- und Eierprodukten keine Ernährungsfunktion zuzuordnen ist. Im Gegenteil: Sie müssten vom Speiseplan gestrichen werden, wollten wir uns wirklich natürlich ernähren.

Vielleicht wird das verständlicher, wenn wir uns einmal den Prozess der Vermehrung bei Pflanzen ansehen. Viele Samen können erst dann keimen, wenn sie durch den Kontakt mit Säuren und Enzymen des Magen-Darm-Traktes ‚aufgeweckt' wurden. Andere Samen benötigen diese Hilfestellung nicht, profitieren aber von der Beweglichkeit ihres vorübergehenden Wirtes. Denn ein Tier, das eine Frucht gegessen hat, wird sich beim Ausscheiden der Reste sehr wahrscheinlich an einem anderen Ort befinden als bei der Aufnahme. Es trägt so zur gesunden Verbreitung der jeweiligen Pflanzengattung bei.

Wer jetzt darauf hinweisen möchte, dass den Früchten und dem Gemüse vielleicht auch eine andere Funktion zukommt, den muss ich aus diesem Grund leider enttäuschen. Zur Ausbreitung der Erbanlagen haben die fruchttragenden Pflanzen sogar ein gewisses Interesse daran, dass ihre Produkte gegessen werden, um über die Ausscheidungen an anderer Stelle neu keimen zu können. Dies lässt sich für einen fleischausbildenden Organismus nicht ummünzen. Fleisch hat niemals das natürliche Eigeninteresse, gegessen zu werden.

Jetzt sehen wir uns die Zweckmäßigkeit von Eiern an. Warum wurden Eier von der Natur hervorgebracht? Alle Eier, von den jeweiligen Tieren gelegt, haben den Sinn, den Nachwuchs der jeweiligen Spezies in sich heranwachsen zu lassen. Sie sind nicht als Ernährung für andere Lebewesen vorgesehen, denn das behindert den Fortbestand der eigenen Art. Dasselbe gilt für die Muttermilch, die jedes Säugetier hervorbringt. Sie dient als Stillzeiternährung für den arteigenen Nachwuchs und ist nicht für andere Arten oder gar Spezies als Getränk vorgesehen. Wir Menschen haben diese Naturprodukte zweckentfremdet und sie damit zu Kunstprodukten gemacht, wie sie unnatürlicher für den Menschen nicht sein können.

Hieraus lässt sich leicht ablesen, dass es beim bloßen Verzicht auf Tierprodukte zu keiner Mangelerscheinung kommen kann. Mangelerscheinungen treten bei fehlerhafter Ernährung auf. Sie treten nicht automatisch bei veganer Ernährung auf, wie es von Fleischessern immer wieder gern behauptet wird.

Natürlich gibt es sogenannte Fleischfresser, also karnivore Organismen. Jedoch wäre die Erklärung, dass die Natur eben teilweise fleischfressende und teilweise pflanzenfressende Organismen geschaffen hat, allzu simpel. Die Natur plant nicht. Die natürlichen Vorgänge und Zuordnungen folgen keinem Masterplan. Es handelt sich vielmehr um eine Entwicklung, die zufällig oder ungewollt vonstattengegangen ist. In einer ungeplanten, natürlichen Umgebung kann es wohl geschehen, dass sich durch chaotische Vorgänge das pflanzliche Nahrungsangebot reduziert und sich über viele Generationen Evolutionszwang notgedrungen Fleischfresser entwickeln. Diese Entwicklung ist aber nicht gewollt und sie ist auch nicht gut! Es kann sich ebenso um eine ungewollte Fehlentwicklung in der Natur handeln. Wenn wir uns ansehen, wie verschwindend wenig fleischfressende und wie überwältigend viele pflanzenfressende Organismen es gibt, zeigt uns das die Evidenz der Angelegenheit.

Gebrauchte Nährstoffe

Ich möchte auch der Theorie der Nährstoffe die oben beschriebene Natürlichkeit der Dinge zugrunde legen. Daraus resultiert, dass die Nährstoffe, die in den für die Ernährung vorgesehenen Pflanzen heranwachsen, die Original-Nährstoffe für die Ernährung der Organismen darstellen. Nimmt ein Organismus diese Nährstoffe auf, dann werden diese durch den Verarbeitungsprozess des Körpers umgewandelt, in die Körperprozesse eingebunden, eingelagert und verwendet. Die Nährstoffe, original pflanzlich, verändern sich im Körper und erfüllen eine bestimmte Funktion.
Essen wir nun das Fleisch eines solchen Organismus, dann bezieht unser Körper die eingebundenen Nährstoffe aus dem Fleisch. Diese Nährstoffe aber sind nicht mehr die originalen. Sie sind bereits vom ‚Zwischenorganismus' umgewandelt und eingesetzt worden. Wir verdauen nun also gebrauchte Nährstoffe, die nicht mehr die Funktion erfüllen können, welche die original-pflanzlichen Nährstoffe gehabt hätten: Das Aktivieren unseres eigenen Stoffwechselsystems, das eingesetzt wird, um die Pflanzenstoffe in lebensnotwendige Substanzen umzuwan-

deln. Essen wir bereits umgewandelte Stoffe, dann umgehen wir das Stoffwechselsystem. Wir betrügen unseren Körper und geben ihm Nährstoffe, die keine mehr sind. Sie erfüllen nur noch eine minderwertige Funktion. Hier liegt auch der Grund für die vielen Zivilisationskrankheiten, welche Naturvölker, die von Pflanzennährstoffen leben, nicht kennen.

Zwischenfazit: Sind wir Allesfresser?

Es muss noch einmal ganz deutlich gesagt werden: Bei der weit verbreiteten Annahme, der Mensch sei ein „Allesfresser", handelt es sich tatsächlich nur um eine Annahme, nicht um eine Tatsache. Man könnte es auch ein neuzeitliches Gerücht nennen. Denn Menschen sind nur deshalb Allesfresser geworden, weil ihnen das gesamte Nahrungsangebot zur Verfügung stand, und nicht, weil es ihnen die Natur vorgeschrieben hätte.
Die Evolution sorgt dafür, dass Nahrung verwertet werden kann, die sich im Einzugsbereich befindet. Man hat jahrzehntelang geglaubt, dass Schimpansen reine Vegetarier seien. Die Wissenschaftler hielten wohl das glatte Gebiss der Affen für einen Hinweis darauf. Jedoch essen Schimpansen sehr wohl Fleisch und ihr Verdauungssystem ist auch in der Lage, es zu verwerten. Das heißt jedoch nicht, dass Schimpansen von der Natur zu „Allesfressern" gemacht worden sind. Es heißt nur, dass sie gewisse Bausteine aus dem Fleisch verwerten und es verdauen können, ohne daran zu verenden. Das mag für sie ebenso ungesund sein, ihre Lebensqualität beeinträchtigen und ihr Leben verkürzen wie beim Menschen.

Über Katzen, die lange als reine Fleischfresser bezeichnet worden sind, weiß man heute, dass sie ebenso Gemüse und Getreide essen können. Die Zusätze finden sich bereits im Katzenfutter für Hauskatzen, ganz zu schweigen von vegetarischem und veganem Katzen- und Hundefutter. Dr. med. ERNST WALTER HENRICH, Autor der Broschüre «Vegan, die gesündeste Ernährung» (*3), ernährte seinen Hund Felix vegan. Das Tier erreichte das erstaunliche Alter von 19 Jahren. Auch andere Hunde sind in Versuchen vegan ernährt worden. Alle Tiere lebten vital und gesund und erreichten ein für ihre Rasse sonst untypisch hohes Lebensalter.

Die Form der Gebisse der als Fleisch- oder Pflanzen- oder „Allesfresser" eingeordneten Tiere weist in diesem Zusammenhang wohl eher auf die Körperhaltung, denn auf die Ernährung hin. Löwen können ihre Vorderläufe nicht so benutzen wie Affen ihre Hände und sind deshalb auf Reißzähne angewiesen.

Falsch informiert und belogen

JONATHAN SAFRAN FOER hat in seinem Buch «Tiere Essen» (*5) beschrieben, wie flächendeckend wir über die angebliche Verträglichkeit und die Verwertbarkeit von Fleisch- und Milchprodukten getäuscht werden.

Ursprung des Irrglaubens, tierische Eiweiße seien notwendig oder hochwertiger, sind fehlerhafte Untersuchungen der Wissenschaftler OSBORN und MENDEL aus dem Jahr 1914. Diese falsche und veraltete Lehrmeinung wurde bereits kurze Zeit später widerlegt. Heute wissen wir, dass pflanzliches Eiweiß gegenüber tierischem als hochwertiger gilt. Das hochwertigste bekannte Protein findet sich in der Sojapflanze. Dass bis heute das tierische Eiweiß in den Nährwerttabellen ganz oben zu finden ist, verdanken wir dem System der Fehlinformation der fleisch- und milchproduzierenden Industrien.

Ebenso sind wir über die Menge des zuzuführenden Eiweißes flächendeckend falsch informiert. Die Menschen leiden eher unter der Angst, zu wenig Eiweiß zu sich zu nehmen. Wie wir oben bereits gesehen haben, ist aber eine viel geringere Menge als bisher angenommen ausreichend. Ein nur geringer Überschuss an minderwertigem, tierischem Eiweiß kann bereits schlimme gesundheitliche Schäden verursachen. Das wurde längst durch seriöse Untersuchungen belegt. Zu den Erkrankungen zählen übrigens auch die gefürchteten und mit dem Aufkommen der Fleischfabriken korrelierenden Krankheiten Demenz und Alzheimer. Dies ist auch logisch, da wir bereits wissen, dass Tierproteine eine Schädigung der Gefäße verursachen. Natürlich macht diese Schädigung nicht vor den Gefäßen im Gehirn halt.

„Eine größere Schädigung der Gesundheit und auch der Knochen als durch Fleisch- und Milchprodukte ist kaum vorstellbar. Nur die Unterwanderung der Politik und der Ernährungsberatungsstellen durch die Fleisch-, Milch- und Eierindustrie mit ihren gut bezahlten Helfern lässt dies für die menschliche Gesundheit schädliche System weiter Unglück, Krankheit und Leid verbreiten [...] Scheinbar unabhängige Ernährungsorganisationen überall auf der Welt, die die offiziellen Ernährungsempfehlungen für die Bevölkerung herausgeben, werden im erheblichen Umfang von der Fleisch-, Milch- und Eierindustrie finanziert und damit von ihnen beherrscht. Viele Wissenschaftler in

scheinbar unabhängigen Ernährungsorganisationen erhalten hochdotierte Beraterverträge von der Fleisch-, Milch- und Eierindustrie."

GABRIELE LENDLE & Dr. med. ERNST WALTER HENRICH,
«Ab jetzt vegan» (*6)

Es ist erwiesen, dass Fleischverzehr keine Notwendigkeit, sondern vielmehr sogar schädlich ist. Der Fleischkonsum ist nur eine Vorliebe und keineswegs eine Notwendigkeit. Jedoch müssen wir, wie bei jeder anderen Vorliebe auch (beispielsweise bei der Vorliebe für Pelzmäntel) darüber nachdenken, ob wir dieser Vorliebe nachgehen dürfen.

Ich denke, die Irreführung der Werbung und die Propaganda der Fleisch- und Milchindustrie werden aus dem bisher Gesagten bereits ersichtlich. Jedoch weiß ich auch, dass Aufklärer gegen massiven Widerstand der Fleischapologeten kämpfen müssen, die diese Fakten nicht glauben wollen (siehe Kapitel 14). Deshalb möchte ich noch einmal ganz explizit erwähnen:
Die Werbung, die Industrie und die lobbybeeinflusste Politik belügt uns bei der Arbeitslosenquote, der Inflationsrate, der Wirksamkeit und dem Wert der Medikamente, der Obsoleszenz und der Reparaturanfälligkeit technischer Geräte, den angeblichen Vorteilen des Euro, bei gefährlichen Finanzprodukten, bei Diabetikerprodukten, bei der Notwendigkeit von Operationen, bei Bioprodukten, bei den Inhaltsstoffen aller Lebensmittel, bei den Energiesparlampen, beim Biosprit, bei den Rußpartikelplaketten – die Liste ließe sich noch lange fortführen. Warum also sollte uns eine genauso an hohen Verkaufszahlen interessierte Industrie ausgerechnet über Milch und Fleisch die Wahrheit sagen?

2 Eine grundlegende Moral

Darf ich Tiere essen?

Der gute Geschmack

Meistens begegne ich dem Argument, Fleisch schmecke so gut oder es sei geschmacklich unverzichtbar. Der Fleischesser argumentiert, ihm würde etwas fehlen, könne er kein Fleisch mehr essen. Das wird meistens angeführt, wenn das Argument der Ernährungsnotwendigkeit widerlegt worden ist (mehr dazu in Kapitel 1). Mit diesem Argument stellt man sich selber ein Armutszeugnis aus, denn man degradiert sich zu einem Sklaven seiner Gelüste.
Geschmack ist zweit-, ja sogar drittrangig. An erster Stelle kommt die Frage, ob wir als denkende und zu selbstständigen Handlungen fähige Lebewesen durch unsere Ernährung einem Lebewesen oder der Umwelt Schaden zufügen. Alsdann sollten wir die Bedürfnisse des eigenen Organismus berücksichtigen. Das heißt, wir müssen aus den an erster Stelle aussortierten Lebensmitteln die Lebensmittel auswählen, die der Körper braucht und die ihn nicht vergiften oder belasten. Erst dann können wir auswählen, was uns unter den verbliebenen Möglichkeiten schmeckt oder nicht.
Selbst wenn wir vorläufig einmal davon absehen, welch gigantische Umweltzerstörungen von der Fleischproduktion ausgehen und welch unaussprechliche Grausamkeit sie verursacht (mehr dazu in Kapitel 9 und 11), so kann der eigene Geschmack niemals die Schwelle sein, an der sich Gut und Böse trennen.
Die Frage nach dem Geschmack darf nicht die primäre Frage in unserer Ernährung sein. In unserem übrigen Verhalten stellt der Spaßfaktor auch nicht das Maß aller Dinge dar, auf dessen Basis

wir ein Vorgehen erlauben oder es verbieten. Im Gegenteil: Wir berücksichtigen die Schäden, die wir anrichten, und schränken das entsprechende Verhalten dann ein oder geben es gänzlich auf. Das Geschmacksargument ist demnach wirkungslos und kann nicht als Kardinalargument für den Fleischverzehr genutzt werden, auch dann nicht, wenn es manchen Fleischessern geradezu als Mantra gilt, das manchmal gebetsmühlenartig wiederholt wird.
Vorrangig ist stets die Frage der Moral. Ich möchte hier von einer universellen, einer grundlegenden Moral sprechen. Die Fleischesser neigen nämlich dazu, ihre Moral zu unterteilen.

Das Beispiel des Bewusstseinsstandes: Gruppen I, II und III

Tiere besitzen ein elementares Grundbewusstsein. Ich spreche hier von Tieren mit einem eigenen Gehirn, wie Schweine, Hühner oder Kühe. Tiere wie Würmer oder Fliegen, die lediglich ein Nervensystem, jedoch kein Gehirn besitzen, sind nicht gemeint.
Kein Fleischesser leugnet, dass jene Tiere (Gruppe I), die mit einem elementaren Grundbewusstsein ausgestattet sind, ein Erinnerungsvermögen besitzen sowie ein Empfindungsvermögen. Die Tiere können also leiden, ebenso wie sie Euphorie, Freude, Panik und physische Schmerzen empfinden können. Solche Tiere haben demnach ein Bewusstseinsniveau auf einer gewissen Höhe. Auf einer gewissen Ebene, oder anders gesagt, einem qualitativen Level.
Dieses Level ist identisch mit dem Bewusstseinsniveau, das beispielsweise ein geistig stark behinderter Mensch (Gruppe II)

aufweist. Solche Menschen können nicht sprechen und müssen von Pflegepersonen betreut und gefüttert werden. Dieses Level ist ebenfalls identisch mit dem Bewusstseinsniveau eines Kindes (Gruppe III), das etwa ein Jahr alt ist. Wir müssen also in allen drei Fällen von Lebewesen mit identischem Bewusstseinsniveau sprechen. Wir müssen diese Lebewesen an ihrem Bewusstseinsniveau messen und dürfen sie nicht an ihrer Spezies unterscheiden, denn nur das Bewusstsein kann die Qualität sein, an der wir Lebewesen unterscheiden können. Nicht die Größe, das Aussehen oder die Form kann relevant sein. Denn die Bewusstseinsgröße ist unabhängig von den äußeren Merkmalen einer Spezies vorhanden, genau wie die Leidensfähigkeit unabhängig von den äußeren Merkmalen vorhanden ist.

Das Kriterium kann nicht heißen: Ist es Mensch oder Tier? Es muss heißen: Kann es leiden? Hat es ein Bewusstsein? Hat es dieselben Emotionen wie wir? Ebenso dürfen wir ein leidensfähiges, bewusstseinsfähiges Lebewesen nicht danach beurteilen, wie es aussieht und woher es kommt. Egal ob Mensch oder Tier, Zwerg oder Hobbit, biologische Maschine (Mensch) oder kybernetische Maschine (Androide) – wer ein Bewusstsein hat, kann leiden und muss geschützt werden.

Kein Fleischesser ist der Meinung, dass Lebewesen der Gruppe II oder der Gruppe III getötet werden dürfen. Allerdings ist jeder Fleischesser der Meinung, dass Lebewesen der Gruppe I, Lebewesen mit einem identischen Bewusstseinsgrad also, ohne Notwendigkeit (siehe Kapitel 1) getötet werden dürfen. Lebewesen, die genau wie die Lebewesen der Gruppen II und III der Leidensfähigkeit unterworfen sind. Lebewesen, die zwar nicht sprechen, aber mit hoher Wahrscheinlichkeit denken können.

"Sprache ist nur eine von vielen kognitiven Fähigkeiten der Lebewesen. Denken ist ein elementarer Vorgang. Sprache ist keine notwendige Voraussetzung für das Denken. Es ist nicht nur auf sprachfähige Lebewesen begrenzt."
Dr. JOSEP CALL vom Leipziger Max-Planck-Institut (*7)

Das bestätigt auch Prof. JULIA FISCHER vom deutschen Primatenzentrum in Göttingen. Bei ihrem „Floating-Peanut-Test" hat sie Folgendes festgestellt: *"Tiere haben eine große Impulskontrolle. Sie gucken sich die Situation länger an und kommen gleich beim ersten Mal auf die richtige Lösung. Es ist ein wichtiges Element von Denken können, nicht gleich zu handeln."* (*7)

Dr. ONUR GÜNTÜRKÜN von der Ruhr-Universität in Bochum hat festgestellt, dass Tauben kategorisieren, sprich Informationen gliedern können. Dies ist *"eine Zentrale Säule des Denkens"*. (*7)
"Tiere besitzen eine Seele, und wir Menschen müssen Liebe für und Solidarität mit unseren kleinsten Brüdern empfinden."
Papst JOHANNES-PAUL II (1920 – 2005) (*1)

"Es gibt verschiedene Arten des Denkens. Wir können von Kognition bei Tieren sprechen, müssen aber verschiedene Arten abstufen. Die Frage lautet nicht: Haben Tiere einen Geist? Sondern: Welches Tier besitzt welche Art von Geist?"
DOMINIK PERLER (*1965), Professor der Philosophie an der Humboldt-Universität Berlin (*8)

Zweierlei Moral

Tiere sind keine Dinge, keine Mittel zu unseren Zwecken. Tiere sind Lebewesen mit eigenen Interessen. Dies zeigt uns das Lebewesen der Gruppe I, das in die Moralität der Gruppen II und III eingeschlossen ist.
Jedoch trennt der Fleischesser seine Moral. Er wendet seine Moral nicht universell und grundlegend an, wie es für jede Moral zwingend ist. Der Fleischesser trennt seine Moral in eine solche, die für die Lebewesen der Gruppe I gilt, und in eine zweite, die für die Lebewesen der Gruppen II und III gültig ist.

Bisweilen begegne ich dem Argument: „Ich habe eben niedrigere moralische Ansprüche als Vegetarier". Auch dies ist nichts weiter als eine Trennung der Moral. Der Fleischesser hat sehr wohl die gleichen moralischen Ansprüche und in allen anderen Bereichen wendet er sie auch an. Beispielsweise ist er nicht der Meinung, dass Lebewesen der Gruppen II und III getötet werden dürfen.
Ein weiteres Beispiel: Kein Fleischesser wird Kindesmissbrauch oder -ausbeutung moralisch finden. Diese Dinge sind hochgradig unmoralisch, in ihrer Gänze verwerflich und müssen universell und grundlegend abgelehnt werden. Würde sich nun ein Kinderschänder vor Gericht mit dem Argument seiner niedrigeren Moral herausreden wollen, würde ihm keiner, auch kein Fleischesser, Verständnis entgegenbringen. Dasselbe gilt für einen Nazi, der den Völkermord an den Juden mit niedrigen moralischen Ansprüchen verteidigen wollte.

Wir müssen uns ohnehin die Frage stellen, ob die Ansprüche Einzelner oder von Gruppen über eine grundlegende, von ihrer Natur aus flächengültige Universalmoral gestellt werden dürfen.

Denn eine solche Universalmoral existiert, genau wie eine allgemeingültige, universelle Gerechtigkeit. Doch Gerechtigkeit oder Moral sind keine Ansprüche, die jeder stellen kann oder nicht, es sind Ansprüche, die jeder gestellt bekommt. Die einzige Wahl, die man hat, ist: Man kann sie erfüllen oder nicht. Dann ist man entweder gerecht und moralisch oder man ist ungerecht und unmoralisch. Eine persönliche Moral existiert nicht.

Kann es leiden?

Die Frage lautet nicht: „Kann es denken?" Oder: „Hat es ein Bewusstsein?" Die Frage lautet: „Kann es leiden?" Denn wir dürfen ein leidensfähiges Lebewesen nicht ohne Notwendigkeit dem Leiden aussetzen.
Dies ist die einzige Frage, die wir uns stellen müssen. Der gute Geschmack (ohnehin austauschbar, siehe Kapitel 12) ist zweitrangig und kann nicht als Entschuldigung für Unrecht herangezogen werden. Es ist die Pflicht des Menschen, seiner Verantwortung gerecht zu werden und die übergeordneten Interessen der Natur und der Tiere auch als solche zu erkennen und somit über seinen Geschmack zu stellen. Denn zuerst kommt die Pflicht und dann erst die Kür. Mit anderen Worten: Wir müssen zuerst die Auswirkungen unseres Handelns berücksichtigen. Erst dann, wenn sich die Handlung nicht als schädlich erweist, können wir unseren Geschmack befriedigen.

Wie wir oben bereits gesehen haben, kann der Intelligenzunterschied zwischen Menschen und Tieren bei der Ermittlung des Wertes eines Lebewesens nicht berücksichtigt werden. Es gilt das Gleichheitsprinzip (nach HELMUT F. KAPLAN): Ein unschuldiges (minder intelligentes) Lebewesen (Gruppe I) ist ebenso erhaltenswert wie ein intelligenteres, da es dieselben Interessen verfolgt. Denn ein Lebewesen der Gruppe I hat ein ebensolches Interesse, frei zu leben, nicht zu leiden und nicht getötet zu werden wie Lebewesen der Gruppen II und III oder wie erwachsene, gesunde Menschen. Diese Interessen werden von Intelligenzunterschieden nicht berührt.

„Die Tiere sollten nicht mit menschlichen Maßeinheiten gemessen werden. Sie bewegen sich in vollendeter Harmonie in einer Welt, die größer und vollkommener ist als die unsrige, sind versehen mit erweiterten Sinnen, die wir verloren oder nie ausgebildet haben, und leben mit Lauten, die wir nie hören werden. Sie sind nicht unsere Brüder, sie sind nicht unsere Untertanen; es sind andere Völker, mit uns verstrickt im Netz des Lebens und der Zeit, Mitgefangene des Glanzes und des Elends dieser Erde."

HENRY BESTON (1888 – 1968),
U.S.-amerikanischer Schriftsteller und Naturforscher (*29)

Die Zulässigkeit einer Vorliebe

Es stellt sich also die Frage, ob eine Vorliebe zulässig sein kann, wenn sie Schaden anrichtet. Denn wenn wir der Vorliebe des Fleischverzehrs einen Dispens erteilen, dann müssten wir auch Diebstahl oder Raub zulassen – zumindest immer dann, wenn jemand auf den Spaß, den die Sache macht, und die Vorteile, die es ihm ermöglicht, nicht verzichten möchte.

Wie wir oben bereits gesehen haben, essen wir Fleisch nur, weil wir es wollen, also aus Genuss und Vergnügen. Fleischverzehr bringt jedoch nur völlig verzichtbare Vorteile mit, welche lediglich einem Spaßfaktor zuzuordnen sind, und richtet darüber hinaus gigantischen Schaden an (mehr dazu in Kapitel 9). Als Vergnügen oder Vorliebe ist es demnach unzulässig.
Zur Verdeutlichung der Problematik möchte ich ein Beispiel nennen: Pelzmäntel. Auch das Tragen von Pelzmänteln ist eine unzulässige Vorliebe, denn die Tiere werden völlig unnötig getötet. Selbst wenn die Mäntel sehr schön und hochwertig sind – für den Preis eines bewussten Lebens ist diese Vorliebe verwerflich. Und wir können leicht etwas anderes anziehen.

Kann jeder selber entscheiden, ob er Fleisch essen möchte?

Es gibt Dinge, die grundsätzlich falsch sind. Sie können nicht interpretiert werden und sind zu Recht gesetzlich verboten. Selbst wenn sie gesetzlich erlaubt wären, wären sie nicht rechtens. Sie wären weiterhin moralisch falsch und unanständig.
Hierzu gehören beispielsweise Raub, Diebstahl und Sklavenhaltung.
Niemand darf selber entscheiden, ob er rauben, stehlen oder Sklaven halten möchte. Sollte er sich dennoch dafür entscheiden, so tut dieser Mensch das grundlegend Falsche, ein Unrecht.
Ebenso verhält es sich mit dem Fleischverzehr und dem damit einhergehenden Töten der Tiere. Es ist grundlegend falsch und die Bewertung der Sache obliegt nicht jedem selbst. Der Um-

stand, dass es gesetzlich nicht verboten ist, berechtigt nicht zum Fleischverzehr. Eine Sache wird nicht dadurch grundlegend richtig, weil sie gesetzlich erlaubt ist. Dass Fleischverzehr gesetzlich erlaubt ist, gibt uns die Macht, Fleisch zu essen, aber keinesfalls das Recht.

Nach IMMANUEL KANT gibt es ein bedingungsloses moralisches Gesetz. Das Gesetz sagt uns, was wir tun dürfen und was nicht. Es gilt ungeachtet unserer Wünsche. Das moralische Gesetz drückt sich durch ein Gebot aus, den sogenannten kategorischen Imperativ:
Handle so, dass die Maxime deines Willens jederzeit zugleich als Prinzip einer allgemeinen Gesetzgebung gelten könne.
Fleischverzehr ist moralisch falsch. Es existiert eine zwingende Moral, die keine Auslegungssache ist. Ebenso wie es eine zwingende Logik gibt, die nicht mehr interpretiert oder ausgelegt werden kann.

„Fleischessen ist ebenso wenig eine Privatangelegenheit, wie es eine Privatangelegenheit ist, ein Dieb oder Mörder zu sein. [...] Was werden uns die Mörder im Dienste von Lust und Luxus als nächstes ans Herz legen? Vielleicht: ‚Wenn du Lust hast, jemanden umzubringen, entscheide doch selbst. Bewahren wir uns die Freiheit'."
HELMUT F. KAPLAN, «Leichenschmaus» (*9)

„Auschwitz fängt da an, wo einer im Schlachthof steht und sagt, es sind ja nur Tiere."
THEODOR W. ADORNO (1903 – 1969),
Soziologe, weltberühmter Philosoph der Frankfurter Schule
und Musiktheoretiker (*29)

3 Bequemlichkeit der Epigonen

Menschen haben doch schon immer Fleisch gegessen!

In diesem Kapitel möchte ich die Haltlosigkeit der immer wiederkehrenden Argumente der Fleischesser zeigen. Alle Argumente, die mir bisher von Fleischessern vorgetragen wurden, erwiesen sich als unhaltbar oder als sogenannte Totschlagargumente oder Killerphrasen.

Wie wir weiter unten sehen werden, werden hauptsächlich Argumente verwendet, die sich als tradiert darstellen lassen und deshalb sehr bequem sind. Mit diesen Argumenten wird in moralfreiem Raum operiert, das heißt, die Argumentation wird a priori als richtig angesehen – ohne dass die Moral in diesem Fall hinterfragt wird und sich durch Analysen als richtig oder falsch erweisen kann. Es sind tradierte Methoden, denn immerhin musste sich bisher der Vegetarier verteidigen, weil er sich zu „absurden (!)" Ernährungsgewohnheiten verstiegen hat.

Neuerdings tritt jedoch die Absurdität des Fleischverzehrs immer mehr hervor und die Fleischesser geraten in Erklärungsnot. Tatsächlich gibt es nicht ein einziges Argument, das für Fleischkonsum spricht. Allmählich findet ein Wechsel in den bisherigen Paradigmen statt und die Fleischesser müssen sich den Vegetariern erklären. Fleischverzehr ist nicht mehr a priori richtig.

In den nächsten sechs Abschnitten möchte ich die Haltlosigkeit der Hauptargumente der Fleischesser aufzeigen. Argumente, die bisher nur funktionierten, weil Fleischesser noch in der Überzahl sind, und nicht, weil sie wahr sind.

Argument 1: „Menschen haben schon immer Fleisch gegessen!"

Wenn wir einmal davon absehen, dass diese Aussage kein Für- oder Widerargument, sondern einfach nur eine Information ist, leuchtet mir nie ein, was der jeweilige Fleischesser mir mit diesem Hinweis sagen möchte. Schließlich haben die Menschen auch schon immer Kriege geführt.

Es ist unbestritten, dass der Mensch schon immer Fleisch gegessen hat. Es ist ebenso unbestritten, dass der Mensch in seiner Vorgeschichte sogar Fleisch essen musste, um überleben zu können. Diese Tatsache zwingt aber niemanden dazu, in unserer heutigen Überflussgesellschaft weiterhin Fleisch zu essen.

Wie wir bereits wissen, ist der massive Fleischkonsum in der Menschheitsgeschichte ein eher neues Kapitel. Über Jahrtausende hinweg hat Fleisch anteilig in der menschlichen Ernährung nur eine untergeordnete oder gar keine Rolle gespielt. Und dieser minimale Konsum lässt sich mit der heutigen Massenherstellung nicht vergleichen.

Dass die Menschen einmal Fleisch essen mussten, um überleben zu können, betrifft uns heute und hier nicht mehr, denn wir sind alle anders (besser) versorgt. Darüber hinaus zeigt uns die Tatsache, dass Menschen beispielsweise in der Steinzeit oder zur letzten Eiszeit Fleisch essen **mussten**, was Fleisch ist: Eine für die Ernährung minderwertige Substanz, welche sich nur in Notfällen als Überlebensnahrung eignet, aber für die reguläre Ernährung untauglich ist.

Da wir den Fleischkonsum zum Überleben jedoch nicht mehr benötigen, können wir fürderhin ethisch und moralisch handeln, ohne uns zu gefährden – so wie es intelligenten und verantwortungsbewussten Lebewesen geziemt.

Es gibt noch andere Beispiele. Die Menschen haben auch schon immer Kriege geführt. Jedoch wird deshalb niemand argumentieren, dass Kriege moralisch vertretbar seien. Dieses Vorurteil ist überwunden worden.

Die Menschheit hat sich auch immer Sklaven gehalten. Die Sklavenhaltung zieht sich durch alle Jahrtausende. Die letzten Überreste davon sind erst vor etwa 120 Jahren verschwunden. Aber niemand wird deswegen argumentieren, dass die Sklavenhaltung moralisch vertretbar sei. Auch dieses Vorurteil haben wir hinter uns gelassen.

Der Fleischverzehr ist eine Unart der Menschen, und die Menschen sind zu Recht bestrebt, die Unarten ihrer Spezies zu beseitigen.

„Selbst wenn der Urmensch das Fleisch der pflanzlichen Nahrung vorgezogen hat, ist das noch lange kein Grund, ihm nachzueifern. Seit Jahrtausenden ist der Mensch damit beschäftigt, die rohen Sitten seiner Urahnen abzulegen. Wie zum Beispiel auch der Frauenraub oder das Menschenopfer als Unart erkannt und beseitigt wurden. Oder eben die Sklavenhaltung. Oder wie der Krieg beseitigt werden soll! Könnte es nicht sein, dass etwas, was seit Jahrtausenden als normal gilt, dennoch ein ungeheures Unrecht ist?"

IRIS RADISCH in «Die Zeit» (*10)

Wer den Fleischverzehr mit der Tradition der Menschheit rechtfertigt und somit als notwendig ansieht, degradiert sich zum Epigonen eines Vorurteils.

„Vorurteile sind Ideen, die gefroren sind! Oder die geerbt sind! Oder die traditionell sind! Oder die längst tot sind und akzeptiert, ohne zu schauen, ob sie wahr sind!"
Sir PETER USTINOV (1921 – 2004), britischer Schauspieler, Dramatiker, Romancier, UNICEF-Botschafter, polyglotter Weltbürger und Universalgenie (*11)

Eine weitere Unart, die wir abgelegt haben, ist das im Mittelalter bis in die Neuzeit auf den Stadtplätzen praktizierte „Prell-Spektakel". Man steckte Katzen, Füchse, Dachse oder Ähnliches in einen Sack oder in ein Netz. Das ließ man vor der johlenden Menge immer wieder aus großer Höhe auf's Pflaster knallen. So lange, bis der Rest der blutenden und zerschmetterten Tiere in dem Sack nicht mehr ‚verwertbar' und der Spaß zu Ende war.
Schreckt Sie dieses Beispiel ab? Mit Sicherheit, denn der Mensch ist sensibler geworden. Diese Art der Unterhaltung entspricht nicht mehr unserer heutigen Vorstellung von Kultur. Doch wie kommt es, dass wir heute alle ein solches Vorgehen ablehnen, obwohl wir viele Milliarden Tiere aus ebenso trivialen Gründen viel grausamer und länger quälen?

Nehmen wir einmal an, wir würden heute herausfinden, dass Bilder zu malen problematisch ist. Nehmen wir an, es stellt sich als giftig oder ausbeuterisch heraus oder als auf eine andere Weise bedenklich. Wären wir nun trotz dieser Erkenntnis dazu befähigt, das Malen einzustellen? Schließlich hat die Menschheit schon immer Bilder gemalt, ob nun auf Höhlenwänden, Papyrus oder Leinwand, und man kann davon ausgehen, dass das Ausdrücken der eigenen Gedanken in Malerei ein menschliches Bedürfnis ist. Doch wären wir dazu verdammt, weiterhin

und bis in alle Ewigkeit Bilder zu malen? Es immer weiter zu tun, weil wir „schon immer Bilder gemalt haben"?
Oder könnten wir es nicht einfach lassen?
Dass Menschen „schon immer" Fleisch gegessen haben, zwingt sie nicht, es weiterhin zu tun. Es handelt sich hierbei um ein klassisches Totschlagargument.

Argument 2: „Fleisch zu essen ist für Menschen natürlich!"

Wir haben oben bereits gesehen, dass der Fleischverzehr für den Menschen keineswegs notwendig ist. Jedoch ist er möglich. Dieser Umstand wird von Fleischessern bisweilen als Argument benutzt, dass Fleisch zu essen für den Menschen natürlich sei. Menschen seien von Natur aus „Allesfresser", behaupten sie oft.
Bei näherem Hinsehen erweist sich dieses Argument jedoch als haltlos.
Was ist die menschliche Natur?
„Vor allem ein Wort, das, wenn es im Sinn von Ursprünglichkeit oder Gottgegebenheit verwendet wird, jede Diskussion beendet (siehe Natur der Frau, Natur der Schwarzen u. s. w.)."
Zitiert nach IRIS RADISCH in «Die Zeit» (*10)

Sollte Fleischverzehr überhaupt jemals eine Natürlichkeit besessen haben, dann die, welche in der Steinzeit praktiziert wurde: Das Hinunterschlingen roher Kadaver aus Hunger und Nahrungsmangel.

Das wäre die einzige Natürlichkeit des Fleischverzehrs, denn es ist die gleiche, wie auch fleischfressende Tiere unter natürlichen Umständen Fleisch verzehren.
Dass wir heute Milliarden Tiere erschaffen, um sie in Massenhaltung und unter Einsatz von Genmanipulation und Medikamenten und künstlich erzeugten Umwelteinflüssen zu züchten, unter grausamen maschinellen Methoden zu schlachten und sie dann formverpackt und eingefroren als anonyme Masse zu verkaufen, ist keinesfalls ein natürlicher Zustand und kann nur als völlig unnatürlich und den Menschen fremd bezeichnet werden. Fleischverzehr ist Kultur und nicht Natur des Menschen.
„Die Erziehung zum Fleischesser ist somit nichts anderes als eine unnatürliche Verbiegung unserer Instinkte."
NINA MESSINGER, (*1980) österreichische Schriftstellerin, Autorin von «Du sollst nicht töten» (*12)

Daran, dass wir Fleisch nicht roh essen und den Geruch von rohem Fleisch bei hohem Aufkommen, beispielsweise in einer Schlachterei, nicht ertragen können, sehen wir: Wir sind keine natürlichen Fleischfresser. Der Geruch von gesammelten Kräutern oder Obst wird indes als angenehm empfunden.
Fleisch ist kein Naturprodukt (siehe Kapitel 8). Da hilft es auch nicht, eine künstliche Verbindung von der Steinzeit zu unserer heutigen Supermarktwelt zu ziehen. Es ist keineswegs natürlich, wie wir Fleisch heute essen, wie wir es bekommen, wie wir es zubereiten oder wie es – immerhin ein Produkt organischen Ursprungs – entstanden und gewachsen ist. Denn hierbei handelt es sich allein um Ergebnisse menschlicher (künstlicher) Eingriffe in einen Ablauf, der, wäre er naturbelassen, einen ganz anderen Verlauf genommen hätte. (Zitiert nach IRIS RADISCH in «Die Zeit» (*10))

„Es stimmt zwar, dass der Mensch ‚alles' essen kann (also biologisch gesehen imstande ist, sowohl pflanzliche als auch tierische Substanzen zu verwerten), aber das heißt noch lange nicht, dass deshalb alles, was er zu essen vermag, für ihn auch gut und gesund ist. Im Gegenteil: Körperbau und Veranlagung zeigen deutlich, dass die vegetarische Ernährung für den Menschen viel natürlicher und ratsamer ist.

Eine Vergleichsanalyse zwischen fleischfressenden Säugetieren und pflanzenfressenden Säugetieren macht deutlich, dass der Mensch von Natur aus viel eher ein Pflanzenesser als ein Fleischesser ist. Vergleiche über Krallen, Hautatmung, Klappgebiss, Speicheldrüsen, Magensäure, Verdauungstrakt, Leberenzyme usw. zeigen, dass Menschen hochwahrscheinlich reine Vegetarier sind.

Dies zeigt sich auch daran, dass der Mensch das getötete Tier nicht roh essen kann, sondern das Fleisch erst durch aufwendige Methoden – wie Abhängen, Klopfen, Marinieren, Kochen, Braten, Garen, Frittieren, Grillen usw. – zubereiten und würzen muss, bevor er überhaupt nur daran denken kann, es zu verzehren. Außerdem isst er in der Regel nur das Faserfleisch (Muskeln) und bestimmte Organe wie Niere und Leber. Knochen, Blut und Gedärme hingegen – die Mineralstoff- und proteinreichsten Teile der Tierleiche – verschmähen die meisten Menschen. Kein Wesen, das von Natur aus zum Fleischverzehr bestimmt ist, tut das."

ARMIN RISI, ROLAND ZÜRRER,
Philosophen und Autoren von «Vegetarisch leben» (*1)

„Das Beurteilen von Formen, organischen Funktionen, Gewohnheiten und Ernährungsarten zeigt klar, dass die normale Nahrung des Menschen aus Früchten besteht."
CHARLES DARWIN (1809 – 1882), englischer Naturforscher und Gründervater der modernen Evolutionstheorie (*1)

„Ein Beweis, dass der Geschmack für Fleischkost dem Menschen nicht natürlich ist, liegt auch darin, dass die Kinder eine Abneigung gegen solche Speisen haben und den pflanzlichen Nahrungsmitteln den Vorzug geben, wie Milchspeisen, Gebäck, Obst und dergleichen. Es ist höchst wichtig, diesen ursprünglichen und natürlichen Geschmack nicht zu verderben und die Kinder nicht zu Fleischessern zu machen. Denn wie man auch die Tatsachen erklären möge, so ist es doch gewiss, dass die starken Fleischesser im Allgemeinen grausamer und wilder sind als andere Menschen."
JEAN-JACQUES ROUSSEAU (1712 – 1778), französisch-schweizerischer Philosoph, Pädagoge und Schriftsteller (*1)

Zudem ist fast nichts, was der Mensch heute tut, noch natürlich. Wie wir wohnen, arbeiten, schlafen, welche Hilfsmittel wir nutzen oder unsere sonstige Ernährung. Wir haben heute Computer, Autos, Bücher, Häuser, Straßen usw. An all diesen Errungenschaften gibt es keine elementare Kritik der Natürlichkeit der Sachen. Schließlich haben wir das alles in der Steinzeit, im „Naturzustand", auch nicht gehabt. All diese Dinge zu nutzen ist auch nicht natürlich für Menschen. Es ist müßig, gerade in Bezug auf Fleischverzehr immer auf eine angebliche „Natürlichkeit" zu pochen.

Hierbei wird als Hilfsmittel oft auf die Ähnlichkeit zwischen Menschen und Tieren hingewiesen. Menschen seien in dieser Beziehung doch auch nur Tiere. Das Argument wird ausnahmslos von den Diskutanten benutzt, die sich vorher auf die gravierenden Unterschiede zwischen Menschen und Tieren berufen haben, um den Fleischverzehr eben damit zu rechtfertigen. In diesem Zusammenhang ist es auch sehr merkwürdig, sich hier die Tiere zum moralischen Vorbild zu nehmen, wohingegen man in allen anderen Bereichen die tierische „Moral" ablehnt. Sollte man nämlich die „Natürlichkeit" in allen Bereichen zulassen, so müsste man auch erlauben, dass die Tiere, die gerne möchten und die die natürlichen Fähigkeiten dazu haben, auch Menschen fressen dürften. Denn dies läge ja auch in der Natur der Tiere.

Fleisch zu essen ist in allen Bereichen schädlich. Wir müssen diese Gewohnheit nicht beibehalten, selbst wenn es eine Natürlichkeit haben sollte. Wer so argumentiert, der muss auch den Kampf gegen Naturkatastrophen oder natürlich entstandene Krankheiten ablehnen.

Argument 3: „Die Tiere töten sich untereinander doch auch."

Dieses Argument geht oft einher mit dem Argument der Nahrungskette: Der Mensch stünde am Ende der Nahrungskette und habe somit das Recht, Tiere zu verzehren.
Diese Aussage beinhaltet aber eine logische Crux, denn der Mensch steht durch seine überragende Intelligenz außerhalb

der Nahrungskette. Der Mensch besitzt eine Ethik und eine Moral, die Tiere nicht haben. Das erhebt ihn über die Tiere und gibt ihm eine besondere Verantwortung niederen Kreaturen gegenüber.

Doch das Wichtigste ist: Der Mensch hat die Wahl! Ein Mensch kann sich bewusst für das Falsche und Unmoralische oder aber für das Richtige und Moralische entscheiden. Dadurch steht er außerhalb der Nahrungskette, denn ein Tier hat diese Wahl nicht. Wenn die fleischfressenden Tiere kein Fleisch essen, dann müssen sie sterben. Wenn Menschen hingegen kein Fleisch essen, müssen sie nicht sterben. Der Mensch allein ist körperlich dazu befähigt, Ethik und Moral gelten zu lassen, sowie geistig überhaupt in der Lage, sein Verhalten zu reflektieren.

Dass sich die Tiere gegenseitig töten, verleiht dem Menschen weder Rechte noch eine Generalvollmacht. Dennoch verweisen Fleischesser in dieser Beziehung gerne darauf, dass Menschen auch nur Tiere seien. Das Argument wird ausnahmslos von denen benutzt, die sich zuvor auf die gravierenden Unterschiede zwischen Menschen und Tieren berufen hatten, um den Fleischverzehr eben damit zu rechtfertigen.

„Wenn der Mensch doch aufhörte, sich auf die Grausamkeiten der Natur zu berufen, um seine eigenen zu rechtfertigen."

Das sagte RAINER MARIA RILKE einmal.

„Und schließlich wird oft angeführt, dass das Töten Teil der Natur sei. Dazu ist zu sagen, dass der Mensch selbstverständlich auch Teil der Natur ist bzw. es einmal war. Aber ein Hauptmerkmal, das den Menschen von anderen Tieren unterscheidet, ist seine tiefgreifende Fähigkeit der ethischen Reflektion und

Abwägung. Während ein Löwe keine Wahl hat, außer zu töten, haben wir praktisch immer diese Wahl (vorausgesetzt es herrscht keine gravierende Lebensmittelknappheit). Wir müssen Tieren weder Leid noch den Tod zumuten, damit wir etwas zu essen haben. Deshalb können wir die ethische Entscheidung treffen, durch unseren Konsum das Mästen und Schlachten von Tieren nicht mehr zu unterstützen."
Albert-Schweizer-Stiftung.de (*13)

Die Beispiele aus dem Menschenreich liegen auf der Hand. Im Menschenreich werden auf der ganzen Welt immer wieder die Menschenrechte verletzt. Jedoch erhebt diese Verletzung niemanden über die Menschenrechte. Sie haben weiterhin überall Gültigkeit. Und sie müssen eingehalten werden, auch wenn sich einige ständig darüber hinwegsetzen.

Wie oben beschrieben haben sich die Menschen auch immer schon gegenseitig getötet. Sei es im Krieg oder aus Habgier. Dennoch ist das Töten von Menschen weiterhin verboten. Es wird nicht etwa als richtig angesehen, nur weil sich die Menschen trotzdem gegenseitig umbringen und sich über das Verbot hinwegsetzen.

Ebenso ist es mit der Folter. Sie ist zu Recht verboten. Zu Recht wird sie als unmoralisch und verbrecherisch angesehen, zu Recht als verwerflich. Dies alles, obwohl sie weiterhin geschieht! Niemand kommt auf die Idee, Folter als zulässig anzusehen, nur weil sie noch angewendet wird.

Und deshalb kann niemand das Fleischessen verteidigen, nur weil es noch angewendet wird.

Die Umwelt wird massiv von den großen Industriebetrieben verschmutzt, überall auf der Erde geschieht das. Bis zu einem

gewissen Grad ist dies sogar gesetzlich erlaubt. Zieht man die Argumentation der Fleischesser heran, würde dies bedeuten, dass nun jeder die Umwelt ebenso verschmutzen dürfe.
Im Übrigen wird der größte Teil der Umweltzerstörung durch Fleischesser verursacht, wie wir weiter unten noch sehen werden. Der Fleischesser, welcher die Umweltzerstörung beklagt, beklagt also die direkten Folgen seines eigenen Verhaltens.

Argument 4: „Wir züchten die Tiere doch extra zum Verzehr!"

Mit diesem Argument möchte der Sprecher meist zum Ausdruck bringen, dass wir durch das Züchten der Tiere auch automatisch das Recht erwerben, sie zu töten, da dies nicht den natürlich gewachsenen Bestand in freier Wildbahn reduziert. Technisch gesehen ist zumindest der zweite Teil richtig.
Dennoch ist der Umstand, auf welchem Weg ein Lebewesen entstanden ist, irrelevant, da sich dadurch der Bewusstseinszustand und die Lebensrechte des Lebewesens nicht verändern. Künstlich erzeugte Tiere haben einen identischen Bewusstseinsgrad wie natürlich entstandene. Sie haben die gleichen Empfindungen, sind ebenso leidensfähig und fühlen die gleichen Schmerzen. Das Töten eines willentlich erschaffenen Lebewesens ist ebenso verwerflich wie das Töten eines zufällig lebenden.
Wir Menschen erschaffen oft Kinder, ganz willentlich und geplant. Sie sind deshalb jedoch kein Eigentum, über das wir verfügen. Sie sind trotz ihrer geplanten Erschaffung autonome Lebewesen mit denselben Rechten wie ungeplante Kinder.

Argument 5: „Würden wir kein Fleisch konsumieren, gäbe es viele Arbeitslose."

Bei diesem Argument handelt es sich leider um ein reines Ausweichargument. Es ist das alte Argument der Lobbyisten, das auch in der Politik immer wieder auf fruchtbaren Boden fällt: Eine schadhafte Infrastruktur (wie der schädliche, hochgefährliche und völlig aus den Fugen geratene Finanzmarkt) soll deswegen beibehalten werden, weil die Abschaffung wirtschaftlichen Schaden anrichten soll.
Hier gibt es zwei Paradoxen.
Eine schädliche Infrastruktur abzuschaffen ist nicht destruktiv, sondern produktiv. Es ist nicht schädlich, sondern hilfreich. Selbst wenn es kurzfristig kleine Nachteile verursachen sollte, so wirkt sich die Abkehr allgemein und nachhaltig positiv aus.
Zweitens muss eine schädliche Infrastruktur unter allen Umständen abgeschafft werden, denn sie ist ja schädlich. Nur eine unschädliche Struktur kann dauerhaft beibehalten werden. Eine schädliche Struktur kann in unserer endlichen Welt nicht langfristig oder exponentiell beibehalten werden. Das ist ein Naturgesetz, welches sich nicht ändern lässt.
Nun ist die Fleischproduktion eine solche schädliche Struktur. Sie richtet gigantische Umweltschäden an und sorgt für Hunger und Armut in der Welt (mehr dazu in Kapitel 9), nur um eine Vorliebe zu bedienen. Nicht etwa aus zwingenden Gründen.

Dennoch müssten wir einige Probleme beim Abschaffen der Fleischindustrie in Kauf nehmen. Zum Beispiel viele Arbeitslose. Einige dieser Arbeitskräfte würden in anderen Industriezweigen unterkommen, wieder andere würden in den neuen Industrien beschäftigt werden. Denn bei der Abschaffung der Fleischindustrie würde ein Industriewandel stattfinden, welcher die Fleischindustrie ersetzt.

Natürlich ist das kaum ein Trost für diejenigen, welche sicher auf der Strecke bleiben würden, und natürlich würde die Umstellung auch nicht 1:1 funktionieren. Daher möchte ich ein weiteres Beispiel geben.

Es gibt wohl niemanden, auch keinen Fleischesser, welcher verbrecherische und diktatorische Landesregierungen befürworten würde. Diese Regime gehören bedingungslos abgeschafft. Es sind schädliche Strukturen, diesmal menschenschädliche. Es kann von keinem freiheitsliebenden, gerechtigkeitsempfindenden Menschen akzeptiert werden, dass Diktaturen als legitim gelten können und weiterhin existieren dürfen.

Jedoch würde die sofortige Abschaffung solcher Diktaturen zahlreiche wirtschaftliche Probleme verursachen. Viele dieser Systeme werden künstlich am Leben gehalten (siehe die ehemalige DDR, in der es keine Arbeitslosen gab) oder basieren auf Monokulturen (siehe Kuba und sein „Zuckermonopol"). Trotzdem würden die vielen Arbeitslosen und nötigen Finanzhilfen, die eine Befreiung dieser Länder verursachen würde, niemanden davon abhalten, die nötigen Veränderungen zu befürworten.

Es kann eben nicht sein, dass Wirtschaftlichkeit jede Maßnahme rechtfertigt. Folgte man dieser Logik, so müsste man auch die Abschaffung der Kriege in Zweifel ziehen, sorgen sie doch für viele Arbeitsplätze in der Rüstungsindustrie.

Auch wird sich keiner gegen die Abschaffung sinnloser oder schädlicher Medikamente aussprechen. Die Produktion solcher Präparate schafft jedoch Arbeitsplätze!

Ein weiteres Beispiel: Sklavenhandel. Die Sklaverei zieht sich durch die gesamte Menschheitsgeschichte. Viele tausend Jahre lang hat es immer zwei unterschiedliche Stände gegeben: Den Stand der Sklaven, also des Eigentums, und den Stand der freien Menschen. Nun kam dem Menschen, welcher Eigentum war, seine Stellung sicher nicht sonderlich unnatürlich vor. Er litt zwar unter der Situation, zu ändern war sie jedoch nicht. Es gab in der Welt eben Sklaven und freie Menschen. Und es war schlichtweg Pech, wenn man nicht in den Stand der freien Menschen hineingeboren worden war.

Die Unnatürlichkeit dieser Aufteilung musste den Menschen erst bewusst gemacht werden. Und zwar sowohl den Sklaven als auch den freien Menschen. Es folgte ein langer Prozess der Meinungsumkehr und der Meinungskultur, an dessen Ende die Abschaffung der Sklaverei stand.

In diesem Prozess gab es allerdings einigen Widerstand aus dem Lager der freien Menschen. Viele Betriebe hingen mittlerweile vom Einsatz der billigen Arbeitssklaven ab wie der Junkie von der Nadel. Sollten die nun durch Lohnarbeiter ersetzt werden, so würde das die Wirtschaftlichkeit der Betriebe gefährden oder sie gleich ganz ruinieren.

Nun, die Meinung der Menschen hat sich glücklicherweise geändert. Heute ist niemand mehr der Auffassung, man hätte die Sklaverei beibehalten müssen, obwohl das Abschaffen ökonomischen Schaden verursacht hat.

Nebenbei sei angemerkt, dass die Empörung, die jene Sklavenhalter zeigten, als man ihnen sagte, dass sie sich mit ihrer Meinung in grundlegendem Unrecht befinden, mich stark an die Empörung der Fleischesser erinnert, wenn man ihnen heute sagt, dass Fleischverzehr Unrecht ist.

Die Sklavenhalter argumentierten, dass jeder, der gegen Sklaverei sei, auch gegen Freiheit (!) und gegen Fortschritt (!) sei!

Für die unsägliche Massenfleischproduktion, die ihre Arbeiter bekanntermaßen hauptsächlich schlecht bezahlt, sind zuvor Arbeitsplätze vernichtet worden. Und zwar mehr, als die Industrie geschaffen hat. Zum Beispiel die der Bauern, die ihren Hof aufgeben mussten, weil sie dem Preisdruck der subventionierten Massentierproduktion nicht mehr standhalten konnten.

„Die industrialisierte Massentierhaltung hat allein in Deutschland bereits eine halbe Million Arbeitsplätze vernichtet."
  MARSILI CRONBERG, «Wie ich verlernte, Tiere zu essen» (*14)

Argument 6: „Dann darf man ja bald überhaupt nichts mehr!"

Dies ist weniger ein Argument als eine kindische Trotzreaktion. In allen Lebensbereichen gibt es Regeln. Über unser Zusammenleben wachen das BGB, das Sozialgesetzbuch, das Strafgesetzbuch, die Prozessordnung, die Vollzugsordnung, die Sicherheitsanweisungen der Polizei, der Feuerwehr usw. mit einer schier unüberblickbaren Ansammlung von Regeln und Verboten. Arbeits- und Kündigungsrechte, Löhne und Erbschaften, Pflichten bei Eigentum, Ruhezeiten und Öffnungszeiten, Zuständigkeiten und Zugänge, für all das gibt es Regeln und Gesetze. Jedoch kommt hierbei niemand zu dem Urteil, dass man ja nun „überhaupt nichts mehr darf".

Im Straßenverkehr gibt es zahlreiche Regeln und Verbote. Die haben zur Folge, dass alles möglichst reibungslos und gerecht verlaufen kann, und nicht, dass „man überhaupt nicht mehr losfahren darf".

Einzig beim Fleischverzehr ist der Fleischesser der Ansicht, dass man den Verzehr nicht reglementieren dürfe, weil das dazu führe, dass man „überhaupt nichts mehr essen darf".

Die Wahrheit ist, dass man alles essen kann, was keinen oder so geringen Schaden wie möglich anrichtet. Unter diesen Möglichkeiten hat jeder die freie Wahl und kann alles essen. Fleisch gehört nicht zu diesen Möglichkeiten.

Vegetarier stoßen auch oft auf Vorwürfe der Fleischesser, man dürfe als Fleischverzichter nun auch keine Lederprodukte mehr nutzen. Im Prinzip ist das richtig. Lederprodukte sind auch nur eine Vorliebe, auf die jeder leicht verzichten kann. Jedoch gilt das auch für den Fleischesser. Hier verkehren die Fleischesser den Grundkonsens ins Gegenteil, um das Resultat als Für-Argument zum Fleischverzehr auszulegen. Denn wenn man ohnehin nicht alle Tierprodukte vermeiden könne, dann sei man schließlich auch nicht dazu verpflichtet, den Fleischverzehr zu vermeiden.

Um es mal ganz klar zu sagen: Ein Vegetarier vermeidet bereits den Löwenanteil der Schäden, die man durch den Gebrauch von Tierprodukten anrichten kann – und zwar unabhängig davon, ob er Lederprodukte nutzt oder nicht. Besser wäre es in der Tat, auf jegliche Tierprodukte zu verzichten. Jedoch befindet sich der Fleischesser in einer denkbar schlechten Position, eine solche Kritik anzubringen. Selber verzichtet er auf gar nichts.

Der Fleischesser wendet mit dieser Argumentation das Motto an, „wenn man nicht alles richtig machen kann, dann braucht man gar nichts mehr richtig zu machen". Als Analogie könnte man dann auch alle Straftaten zulassen, weil man ja sowieso nie alle vermeiden kann. Oder eine Krankheit nicht behandeln, wenn eine völlige Genesung von vornherein ausgeschlossen werden kann.

Wir leben leider in einer Gesellschaft, die von Tierprodukten durchsetzt ist. Alle immer zu vermeiden ist schlichtweg unmöglich. Denn dann dürfte der Vegetarier auch nicht mehr arbeiten, Auto fahren oder mit Nachbarn oder Arbeitskollegen sprechen, da diese größtenteils Fleischesser sind.

Darüber hinaus stellt sich die Frage, wie der Fleischesser zu der Überzeugung kommt, man dürfe nur alles richtig machen oder eben gar nichts. Wenn man nicht alles richtig machen kann, dann ist das ein Freibrief, gleich nichts mehr richtig machen zu müssen? Wie kommt er zu der Einstellung, ein Problem dürfe nicht in Teilbereichen, sondern nur in seiner Gänze gelöst werden? Wieso ist jemand, der vieles, aber nicht alles richtig macht, moralisch dem unterlegen, der alles falsch macht? Ein Vegetarier, der bereits den Großteil aller Umwelt- und Gesundheitsschäden vermeidet, hat gefälligst alle Schäden zu vermeiden? Macht das sonst etwa die Teile seines richtigen Schonverhaltens wirkungslos? Ist man gezwungen, auf 80 % positive Wirkung zu verzichten, solange man keine 100 % erreichen kann?

Ich denke, die Fleischesser suchen hier das Haar in der Suppe, einen Makel und eine Inkonsequenz am Vegetarier, um damit ihr eigenes Fehlverhalten abzuschwächen. Das Argument ist nicht Ausdruck der Sorge um die Tiere, sondern es soll als Hintertür dienen, weiter Fleisch essen zu können. Es kann wohl kaum eine probate Forderung sein, dass auf die 80-prozentige Lösung eines Problems zu verzichten ist, wenn man die 100-prozentige nicht erreichen kann. In Wahrheit handelt es sich hier um ein unethisches Argument. Wenn ich in der Lage bin, nur 80 von 100 Menschen vor dem sicheren Tod zu retten, dann bin ich ethisch und moralisch dazu verpflichtet, die Aktion durchzuführen und die 80 Menschen zu retten. Ich komme nicht auf die Idee, die ganze Aktion zu vermeiden, da ich nicht alle retten kann.

Wer vieles richtig macht, der handelt besser als der, der gar nichts richtig macht. Denn es ist immer besser, so viel Schaden wie möglich zu vermeiden, auch wenn man nicht in der Lage ist, alle Schäden zu vermeiden.

4 Die beiden Philosophen, die Außerirdischen und ich

Eine Frage der Sichtweise

Der erste Philosoph und die Außerirdischen

RICHARD DAVID PRECHT, Professor der Philosophie, schrieb 2007 sein Buch «Wer bin ich und wenn ja, wie viele?» (*15). In diesem Buch gibt es das Kapitel „Jenseits von Wurst und Käse", in dem er eine bemerkenswerte Geschichte erzählt.

In der Geschichte landet eine überlegene Rasse von außerirdischen Lebewesen auf der Erde. Die Außerirdischen verfügen über eine hochentwickelte Technik, welche unsere bisherigen Entwicklungen wie die ersten bescheidenen Gehversuche eines kleinen Kindes aussehen lässt. Sie verfügen über eine fabelhafte Technologie, die sie wie Zauberer erscheinen lässt und der wir nichts entgegenzusetzen haben. Und so haben sie die Menschen auf der Erde im Handumdrehen besiegt und eingesperrt.

Nun beginnt eine beispiellose Schreckensherrschaft über die Menschen. Die Außerirdischen halten alle Menschen in engen und völlig überfüllten Gehegen gefangen. Die Not der Menschen ist groß, es herrschen unbeschreibliche Zustände. Die Außerirdischen interessieren sich nicht für die Technik oder die Ressourcen der Menschen, sie halten sie nur aus einem Grund: Sie wollen die Menschen schlachten und essen! Besonders das Fleisch der Kinder hat es ihnen angetan!

Eines Tages wird wieder eine Frau zur Schlachtbank gezerrt. Die Frau wehrt sich heftig und schreit ihren Peiniger an: „Wieso tut ihr das mit uns? Seht ihr nicht, dass wir lebendig sind? Bemerkt

ihr nicht, dass wir ein Empfindungsvermögen haben? Bemerkt ihr nicht, dass wir Angst haben und schrecklich leiden? Wisst ihr nicht, dass ihr nicht das Recht habt, uns zu töten?"
Der Außerirdische entgegnet: „Doch, wir merken schon, dass ihr leidet! Wir sehen schon, was wir euch antun! Aber sieh doch mal: Wir sind viel, sehr viel schlauer als ihr! Im Vergleich mit uns seid ihr nur niedere Lebewesen. Wir verfügen über eine völlig überlegene Technik und sind viel weiterentwickelter, als ihr es seid. Deswegen haben wir das Recht, euch das alles anzutun! Aber, sollte es vielleicht auch so sein, dass du Recht hast, und unser Verhalten möglicherweise nicht so ganz in Ordnung sein, ist dennoch eine Sache entscheidend: Ihr schmeckt uns halt so gut!"
Diese Geschichte zeigt ganz hervorragend, was wir Menschen mit den Tieren tun und aus welchem Grund wir es tun. Denn es besteht keine Notwendigkeit, Fleisch zu essen. Uns steht eine Vielzahl anderer Nahrungsmittel zur Verfügung. Keiner von uns muss verhungern oder wird wirtschaftlich oder gesundheitlich geschädigt, wenn er kein Fleisch isst. Wir tun es nur, weil wir es wollen. Nicht müssen, wollen! Und aus diesem Grund üben wir eine beispiellose Schreckensherrschaft über empfindungsfähige Lebewesen aus. Wir tun das wegen einer kulinarischen Vorliebe! Deswegen tun wir zahlreichen Lebensformen dies an! Müssen wir uns nicht auch danach beurteilen lassen, wie wir mit einer uns unterlegenen, unschuldigen Rasse verfahren?

Der zweite Philosoph und die Außerirdischen

RICHARD DAVID PRECHT ist nicht der einzige, der einen solchen Vergleich anstellt. In seinem Buch «Leichenschmaus» (*9) erzählt der Salzburger Psychologe, Philosoph und Ethiker HELMUT F. KAPLAN eine ähnliche Geschichte. Sinngemäß sagt sie Folgendes:

KAPLANs Außerirdische sind den Menschen ebenfalls haushoch überlegen. Wie es der Zufall will, genauso weit, wie wir heute unseren Tieren überlegen sind. Sie sind davon überzeugt, dass wir ‚ihre' Menschen sind, dass die Menschen für sie geschaffen sind, dass freilaufende Menschen geerntet werden dürfen, dass sie das Recht haben, Menschen in schrecklichen Ställen aufzuziehen und sie in ebenso schrecklichen Schlachthäusern zu schlachten. Kritik aus den eigenen Reihen an diesem Verhalten weisen sie empört zurück. Sie verweisen auf ihre höhere Intelligenz, darauf, dass Menschenfleisch doch so gesund sei, und darauf, dass Menschen halt hervorragend schmecken, besonders die ganz jungen! Des Weiteren verweisen sie darauf, dass Menschen zu essen für ihre Spezies natürlich sei und dass sie doch „schon immer" Menschen gegessen hätten.

Politisch wird darüber diskutiert, die Menschenzucht auszudehnen, da der immer größer werdende Bedarf an Menschenfleisch ja nun irgendwie gedeckt werden muss. Schließlich möchte jeder gerne zum Frühstück, Mittag- und Abendessen bereits Menschenfleisch haben.

Allerdings formt sich langsam auch eine Menschenrechtsbewegung. Die Vertreter dieser Rechte für Menschen, die deren leidensfreie Haltung, ein schmerzloses Töten oder gar das Ende des Menschenfleischgenusses fordern, werden jedoch als weltfremde Spinner verlacht. „Humanier", die es ablehnen, Menschenfleisch zu essen, werden verspottet und ihre Vernunft wird infrage gestellt: „Wie kann man bloß die traditionellen Werte unserer Kultur zerstören und das Menschenfleisch abschaffen wollen?"

Ich und die Außerirdischen

Auch ich möchte eine Geschichte über Außerirdische erzählen. Meine Außerirdischen sind eine ebenso weit entwickelte Rasse wie die von PRECHT und von KAPLAN. Allerdings ist meine Rasse schon seit Jahrhunderten aufgeklärt und hat schon lange jede Art von Grausamkeit, Ausbeutung, Krieg und Gewalt hinter sich gelassen. Auch sie besitzen eine phantastische Technik und gewaltige Teleskope, mit denen sie die Erde schon einige Jahrzehnte aus der Ferne beobachtet haben. Sie haben bemerkt, dass wir Städte haben sowie eine Infrastruktur, die wir immer weiter ausbauen. Nach jahrelanger Beobachtung halten uns diese Wesen nun für reif genug für einen Besuch. Also kommen sie mit ihren unglaublichen Raumschiffen, um Freundschaft mit uns zu schließen.
Was sie jedoch vorfinden ist ein Bild des Grauens. Die Menschen halten sich für eine intelligente, fortschrittliche und moralische Spezies. Jedoch halten sie Milliarden und Abermilliarden Mitglieder von ihnen unterlegenen Spezies in grauenhaften Konzentrationslagern unter unsäglichen Umständen fest. Auf künstliche Weise produzieren sie immer mehr dieser unschuldigen, hilflosen Lebewesen, die unter der Menschenherrschaft unsägliches Leid erdulden müssen.

Und was erkennen die Außerirdischen als Grund für diese Verbrechen? Die Menschen wollen diese Lebewesen schlachten und essen. Ohne Not, trotz der vielen Möglichkeiten, sich anders zu ernähren. Dem überwältigenden Interesse der Lebewesen, nicht zu leiden und weiterleben zu können, steht das minimale Interesse der Menschen an einem kulinarischen Erlebnis gegenüber. Und das führen die Menschen als Rechtfertigung für diese Gräueltaten an.

Die Außerirdischen sind schockiert über unser Verhalten. Da sie uns technisch und militärisch so überlegen sind, bleiben ihnen nun zwei Möglichkeiten: Entweder sie verlassen uns wieder, enttäuscht von unserem vorsteinzeitlichen Entwicklungsstand, und überlassen uns unserem Schicksal. Oder sie ahnden die Verbrechen, die wir an den schwächeren Spezies auf der Erde begangen haben. Sie sitzen über uns zu Gericht und verurteilen uns. Was wird wohl die Strafe sein für das jahrzehntelange Ermorden von vielen Billionen schwächerer, schutzbefohlener Lebewesen?

5 Das Ende der Nahrungskette

Die Verantwortung des Menschen durch seine besondere Stellung

Der Mensch ist ein besonderes Lebewesen. Im Gegensatz zu den Tieren verfügt er über eine überragende Intelligenz und über ein vollwertiges Bewusstsein. Der Mensch ist ein höheres Lebewesen und besitzt dadurch auch ein höheres Überlebensrecht.
Das bedeutet jedoch nicht, dass wir empfindungsfähige Lebewesen so behandeln dürfen, wie es uns gefällt. Wie wir im vorherigen Kapitel bereits gesehen haben, gibt uns die überragende Intelligenz nicht das Recht, über geistig unterlegene, jedoch empfindungsfähige Lebewesen zu verfügen.
Nur im Grenzfall, das heißt, wenn unser eigenes Überleben davon abhinge, dürften wir ein solches Lebewesen töten. In allen anderen Fällen steht uns dieses Recht jedoch nicht zur Verfügung.

Der Starke schützt den Schwachen

Dem Menschen kommt durch seine überragende Intelligenz eine ganz besondere Rolle zu. Er trägt eine besondere Verantwortung, die Verantwortung, die ihm unterstellten Güter zu schützen und weise zu verwalten. Das trifft zum Beispiel auf die dem Menschen zumindest vordergründig unterlegene Umwelt zu, welche nicht in völliger Maßlosigkeit zerstört werden darf, nur weil es bequemer für uns ist. Darüber hinaus trifft es auch auf geistig behinderte Menschen zu, die sich nicht selbst versorgen können. Wir nehmen diese Verantwortung als natürliche Selbstverständlichkeit für unsere behinderten Mitmenschen wahr. Wir versorgen sie und schaffen Voraussetzungen, unter denen sie leben können.

Niemand wird behaupten, dass wir diese Verantwortung leugnen dürfen.

Ist es da nicht merkwürdig, dass wir glauben, man dürfe Wesen mit etwa demselben Bewusstseinsgrad wie stark behinderte Menschen einfach töten, weil wir eben dieses Lebewesen gerne essen möchten? Unsere Moral und unsere Ethik gebieten uns, Lebewesen, die sich nicht selbst versorgen können, zu versorgen, und verbieten uns, gleichwertige Lebewesen für eine Vorliebe zu töten.

Ist uns nicht in jedem anderen Bereich diese Moral geboten? Sind wir nicht der Meinung, dass der Stärkere den Schwächeren schützen soll? Dass die Reichen die Armen unterstützen sollen? Dass die Klugen den Dummen helfen sollen? Ist es uns da nicht auch geboten, die uns unterlegenen Lebewesen zu beschützen? Ist dies nicht geradezu unsere Pflicht?

Hier zeigt sich auch die Stellung des Menschen in der Nahrungskette. Wir befinden uns nicht an deren Ende, wie Fleischesser zuweilen behaupten. Durch seine Fähigkeit, sich für Moral und Ethik endscheiden zu können, sich zwischen Fleischverzehr und Nichtfleischverzehr endscheiden zu können, steht der Mensch außerhalb der Nahrungskette.

Im christlichen Glauben sind die Menschen die Krone der Schöpfung. Das gibt uns jedoch eine besondere Verantwortung, für die niederen Kreaturen zu sorgen, und nicht das Recht, eine Schreckensherrschaft über sie auszuüben.

Machtgebrauch oder Machtmissbrauch

Der Mensch ist das einzige Tier, das zur Verantwortung gegenüber anderen Tieren und Lebewesen in der Lage ist. Wer zu Moral fähig ist, der hat auch die Pflicht, diese Moral anzuwenden. Wer zur Ethik fähig ist, muss auch von ihr Gebrauch machen. Die Fähigkeit der Vernunft verleiht dem Menschen eine große Macht. Wenn er ohne Notwendigkeit tötet, dann missbraucht er die Macht seiner Vernunft! Wer ohne Notwendigkeit (milliardenfaches) Tierleiden verursacht, der missbraucht die Macht seiner Vernunft!

„Die Frage hat für die Menschen nicht zu lauten: Können die Tiere denken? Sondern sie hat zu lauten: Können die Tiere leiden? Darüber aber gibt es wohl keinen Streit, und das Wissen um diese Leidensfähigkeit muss daher die Hauptsache sein bei jeder Betrachtung der Tierseele durch den Menschen.

Der Tag mag kommen, an dem der Rest der belebten Schöpfung jene Rechte erwerben wird, die ihm nur von der Hand der Tyrannei vorenthalten werden konnten. Die Franzosen haben bereits entdeckt, dass die Schwärze der Haut kein Grund ist, ein menschliches Wesen hilflos der Laune eines Peinigers auszuliefern. Vielleicht wird eines Tages erkannt werden, dass die Anzahl der Beine, die Behaarung der Haut oder die Endung des Kreuzbeins ebenso wenig Gründe dafür sind, ein empfindendes Wesen diesem Schicksal zu überlassen. Was sonst sollte die unüberschreitbare Linie ausmachen? Ist es die Fähigkeit des Verstandes oder vielleicht die Fähigkeit der Rede? Ein voll ausgewachsenes Pferd aber oder ein Hund ist ungleich verständiger und mitteilsamer als ein einen Tag oder eine Woche alter Säugling oder sogar als ein Säugling von einem Monat.

Doch selbst wenn es anders wäre, was würde das ausmachen? Die Frage ist nicht: Können sie denken? Können sie sprechen? Sondern: Können sie leiden?"
JEREMIAS BENTHAM (1748 – 1832),
Englischer Philosoph und Sozialreformer (*15)

„Die Zugehörigkeit zu einer Spezies ist moralisch so wenig bedeutsam wie die Rassen- oder die Geschlechtszugehörigkeit. Gleicher Schmerz ist gleich schlecht, egal ob er von Weißen, Schwarzen, Frauen oder Tieren erlebt wird. Tiere sind leidensfähig, das ist wissenschaftlich unbestritten. Auch Tiere haben Bewusstsein, Selbstbewusstsein, Rationalität und Autonomie. Bei Dementen und geistig Behinderten sind diese Merkmale weniger ausgeprägt als bei vielen Tieren."
HELMUT F. KAPLAN (*1952), Salzburger Ethiker (*22)

6 Exkurs I: Die Jäger und der Tierbestand

Im Zusammenhang mit der im Kapitel 5 beschriebenen Verantwortung möchte ich einen kleinen Exkurs machen und mit dem Vorurteil aufräumen, die Jagd auf Wildtiere sei eine Notwendigkeit.
Um es ganz klar zu sagen: Die Wildtierjagd ist nicht notwendig, um den Tierbestand zu regulieren. Das wird zwar von den heutigen Hobby- und Freizeitjägern immer wieder behauptet, doch es entspricht nicht der Wahrheit. Gejagt wird nur aus zwei simplen Gründen: Man will an das Wildfleisch gelangen und an Trophäen.

Muss der Mensch den Tierbestand regulieren?

Das Argument, man wolle mit der Jagd die Populationen regulieren und so für das Wohl der Wildtiere sorgen, beinhaltet schon ein Grundparadoxon: Wie kann ich denn für das Wohl eines Lebewesens sorgen, indem ich es umbringe? Wie kann ich denn für das Wohl einer Spezies sorgen, indem ich sie dezimiere? Sicher, es entbehrt nicht einer gewissen perversen Logik: Man kann auch die Infektionsgefahr bei Menschen vermindern, indem man die Menschen tötet. Oder man kann die Waldbrandgefahr reduzieren, indem man sämtliche Bäume fällt. Oder man kann einen Zimmerbrand ausschließen, indem man das Haus abreißt.
Darüber hinaus ist es mehr als unlogisch, für einen ‚natürlichen' Tierbestand sorgen zu wollen, indem man in die natürlichen Abläufe der Bestände einer Spezies eingreift. Das Eingreifen der Jäger sorgt daher für eine Unnatürlichkeit der Bestände und stellt nicht etwa eine Natürlichkeit her.

Die Wildtierfütterung genannt „Hege"

Jäger lösen das Problem nicht, sondern sie erzeugen es erst. Jäger füttern massiv zu. Durch die Wildtierfütterung, die im Jägerjargon „Hege" genannt wird, wird der Bestand künstlich erhöht, und zwar so hoch, dass er die Wälder nachhaltig schädigen kann. Der massive Jagddruck sorgt im Übrigen dafür, dass die Tiere aus Angst ihre natürlichen Lebensräume verlassen haben und sich in den Wäldern verstecken. Rehe und Hirsche zum Beispiel sind keineswegs Waldtiere. Der natürliche Lebensraum dieser Tierrasse sind Felder und offenes Gelände, wie wir es von den nordamerikanischen Büffelherden kennen. Doch durch die Bejagung ziehen sich diese Tiere in die Wälder zurück, und durch die hier konsumierte Ersatznahrung kommt es zu den als Jagdgrund herangeführten massiven Verbiss-Schäden.

„Gründe für den heftigen Gegenwind, der derzeit vor allem aus den Umwelt- und Naturschutzverbänden der weitgehend konservativen Jägerschaft ins Gesicht bläst, sind ihre mangelnde Reformbereitschaft und die durch neue ökologische Forschungsergebnisse immer mehr entlarvte Doppelmoral. Einerseits gibt man sich gerade Kindern gegenüber als der gute Mann im grünen Rock, der im Winter die scheinbar notleidenden Bambis vor dem Hungertod bewahrt. Andererseits sehen sich die Jäger gerne in der Rolle der ausgerotteten Wölfe und Bären und erheben den Anspruch, mit der Waffe das ökologische Gleichgewicht regulieren zu können.

Regulieren bedeutet aber das flexible Anpassen von Wildbeständen an und durch verschiedene Wirkgrößen wie Fressfeinde,

Nahrungsgrundlage, Witterung oder Krankheitserreger. Dazu ist der menschliche Jäger mit seinen Auswahlkriterien und Jagdmethoden nicht in der Lage. ‚Jagd ist in erster Linie Freizeitbeschäftigung und Hobby, alles andere wäre Selbstüberschätzung', so Michael Hug, NABU-Jagdexperte aus Baden-Württemberg und selbst praktizierender Jäger.

Der Erhalt der Artenvielfalt erfordert ein umfassendes Management der Lebensräume, nicht nur die einseitige Förderung einzelner jagdlich interessanter Arten. Der Versuch, mit ‚Pulver und Blei' an Symptomen zu kurieren, ohne die wirklichen Probleme anzugehen, lenkt von den wahren Ursachen wie anhaltendem Flächenverbrauch, Intensivierung der Flächennutzung, zunehmendem Freizeitbetrieb und der Verringerung der Kulturpflanzenvielfalt, Monotonisierung und Verarmung der Landschaft ab und verschärft nur die Situation. [...]

Die im Bundesjagdgesetz verankerte ‚Pflicht zur Hege' haben viele Jäger in der Praxis als Persilschein für eine eher zurückhaltende Bejagung und das Heranzüchten überhöhter Wildbestände benutzt. Rehe, Rothirsche und Wildschweine erreichen bundesweit nie dagewesene Bestandsdichten. Diese wiederum behindern den Erhalt und Aufbau artenreicher, naturnaher Wälder und Biotope – zu Lasten der biologischen Vielfalt. [...]

Mit landesweiten Stichproben konnte der NABU in Baden-Württemberg nachweisen, dass in vielen Revieren Rehe und Wildschweine mit Kraftfutter und mit industriell gefertigten Futtermischungen gemästet werden. [...]

‚Wenn der Verbraucher denkt, das teuer erstandene Stück Fleisch sei ‚wild', dann hat er sich getäuscht. Das Wildschwein ist mit großer Wahrscheinlichkeit gemästet worden wie ein Hausschwein', stellt NABU-Jagdexperte Michael Hug fest. [...]

Die Jagd verfolgt bis heute das Interesse, Privilegien zu schützen und Wildbestände nach Trophäengesichtspunkten heranzuhegen."

NABU, Naturschutzbund Deutschland e.V. (*17)

Der NABU hat gezeigt, dass Freizeitjäger nicht in der Lage sind, die natürlichen Fressfeinde der Wildtiere zu ersetzen. Außerdem spielen andere Wirkungsgrößen wie Wetter, Nahrungsangebot, Krankheiten und dergleichen eine viel größere Rolle bei der Regulierung des Wildtierbestandes als die Fressfeinde. Raubtiere sorgen durch ihre begrenzten Möglichkeiten, junge und gesunde Wildtiere zu erwischen, demnach nicht für eine Regulierung des Bestandes. Jedoch sind genau die jungen und gesunden Tiere die Ziele der Hobbyjäger. Dies kann also nur für eine ungünstige Entwicklung des Tierbestands sorgen.

Nach Informationen der TV-Sendung „Gejagte Jäger – zwischen Naturliebe und Blutsport" (MDR) (*18) vom 22.01.2014 schaffen die Hobbyjäger jährlich 5000 LKW-Ladungen (LKW = 40 Tonnen) Wildtierfutter in Deutschlands Wälder. Man stelle sich diese Menge vor.

Die übertriebene Hege, die sich vor allem in Zufütterungen und dem Anlegen von Wildäckern äußert, sorgt für einen unnatürlich hohen Wildtierbestand und somit für eine Rechtfertigung der Freizeitjagd auch vor der Öffentlichkeit. Doch da Jäger hauptsächlich junge und kräftige Tiere schießen, ist das Argument der ‚natürlichen' Auslese hinfällig. Denn so wird verhindert, dass sich die durch die Natur bevorzugten Tiere vermehren oder die typischen Revierkämpfe stattfinden können.

Durch den Abschuss bringen Muttertiere zudem mehr Junge als gewöhnlich zur Welt, um ihre Art vor dem Aussterben zu schüt-

zen. Auch die Geschlechtsreife tritt früher ein. Das ist, wenn wir so wollen, ein Trick der Evolution. Überprüfen können wir diese Tatsache am Beispiel unserer Haushühner. Im Naturzustand macht ein Huhn zwei bis drei Gelege von etwa drei bis fünf Eiern pro Jahr – also ganze 15 Stück. Dass unsere Haushühner jeden Tag ein Ei, also insgesamt über 300 Eier im Jahr legen, liegt an eben diesem Evolutionstrick. Da wir den Hühnern die Eier jeden Tag wegnehmen, wird so versucht, das Erhalten der Art zu sichern.
„Durch die Jagd vermehren sich Wildtiere stärker als unter natürlichen Umständen."

Prof. Dr. JOSEF H. REICHHOLF,
Biologe an beiden Münchner Universitäten (*17)

Die wirklichen Motive der Jäger

Aber nehmen wir einmal an, es wäre anders. Sollte es sich wirklich als nötig erweisen, den Tierbestand zu regulieren, so kann dem Menschen in seiner Verantwortung eine gewisse Überwachungsfunktion eingeräumt werden. Durch seine überlegene Intelligenz kommt dem Menschen jedoch eine besondere Verantwortung und nicht eine besondere Verantwortungslosigkeit zu!
Nehmen wir einmal an, die Jäger hätten wirklich nur den Schutz der Natur im Sinn, indem sie von der Natur hervorgebrachte Lebewesen töten. Warum lassen sie die erlegten Tiere dann nicht einfach liegen, verbrennen sie oder bringen sie zum Abdecker? Und gäbe es zudem nicht effektivere Methoden, als jedes einzeln zu erschießen?

Es scheint, die Hobbyjäger haben andere Motive als den Naturschutz. Zumal es gebuchte Jagden gibt, für die Tiere wieder extra angefüttert oder sogar ausgesetzt werden. Zum Beispiel ist der Fasan kein europäisches Tier. Fasanen sind asiatische Tiere, die in unseren Breiten nicht überlebensfähig sind und nicht ausgewildert werden können. Das heißt, dass zur Fasanenjagd die entsprechende Anzahl der Tiere zuerst ausgesetzt werden muss.

*„Als **Fasanerie**, **Fasanenkammer** oder auch **Fasanengarten** bezeichnet man ein Gehege, in dem Fasanen gehalten werden. Es ist oft weitläufig und dem Lebensraum der Tiere angepasst."*
Wikipedia.de

Die heutige Hobbyjagd ist nichts anderes als ein Heranzüchten der Bestände, die hinterher eingefahren werden sollen. Wie Bauern, die Korn aussähen, um später mehr Korn ernten zu können, hegen Jäger Bestände heran, die hinterher ‚geerntet' werden können.

Jäger und Tierliebe

Allerdings ist diese ‚Ernte' grausam und tierquälerisch. Wie tierquälerisch die Freizeitjagd ist, wissen Hobbyjäger sehr genau! Durch ihr Fachchinesisch verschleiern sie ihre grausamen Jagdmethoden, damit kein Aufschrei durch die Öffentlichkeit geht. Ich nenne hier nur drei Beispiele des umfangreichen Jägerlateins und ihre wahren Bedeutungen. Schon der Begriff „Hege" ist ein irreführender Begriff, der ein liebevolles und selbstloses Kümmern der Jäger impliziert.

Zum Beispiel wird das Blut eines angeschossenen Tieres nicht Blut, sondern „Schweiß" genannt. Ein angeschossenes, fliehendes Tier ist im Jägerjargon „angeschweißt". Wenn ein Tier so zum Krüppel geschossen wurde und unter unsäglichen Schmerzen einem langsamen, qualvollen Sterben überlassen wird, dann nennt der Freizeitjäger dies „waidkrank". Wenn einem Vogel die Beine zerschossen werden, dann nennt der Hobbyjäger dies „ständern".

Da viele Schüsse durch die ungünstigen Schusspositionen der Jäger von Hochsitzen und Versteckverschlägen nicht töten, sondern nur verstümmeln, ist die Jagd auf diese Weise bereits Tierquälerei und nicht mehr mit dem Tierschutzgesetz vereinbar. Hinzu kommt die unsägliche Fallenjagd, in der Tiere entweder in panischer Angst in einer Lebendfalle Stunden oder Tage leiden müssen, bis der Fallensteller letztlich kommt, um das Tier zu erschlagen, oder in den Klemm- und Fangfallen elendig verenden müssen. Des Weiteren erschießen Hobbyjäger in Deutschland etwa 300.000 Hauskatzen im Jahr!

Der ehemalige Jäger RUDI AMERSEK bestätigt in NINA MESSINGERS (*12) Buch: *„Jäger und Tierliebe? Das ist lächerlich. Jäger lieben Tiere nur, wenn sie sie essen. Das vorrangige Motiv der Jäger ist die Leidenschaft für das Töten und die Selbstsucht."*

„Es ist längst erwiesen, dass die Freizeitjagd überflüssig und schädlich ist und sich nicht mit wissenschaftlichen Argumenten rechtfertigen lässt. Eine Abschaffung der Jagd erreicht man aber nicht, indem man mit Jägern ihre längst widerlegten, pseudowissenschaftlichen Mythen diskutiert. Um die Jagd abzuschaffen, muss man die Motive und Leidenschaften der Jäger durch-

schauen, denn die Motive, auf die Jagd zu gehen, sind den Jägern meist selbst nicht bewusst. [...]
Diskutiert man die Jagdmotivation unter tiefenpsychologischen Aspekten, kommt man zwangsläufig zu dem Schluss, dass Jagd viel mit entarteten, männlichen, unerlösten Aggressionen zu tun hat, die als Verdrängung, Projektion, Minderwertigkeitsgefühl und Geltungssucht zutage treten. Die heutige blutige Hobbyjagd ist eine kurzfristige Triebentladung [...], eine Abreaktion an schwächeren Geschöpfen. [...]
Das sinnentleerte Töten von Lebewesen auf der Freizeitjagd kann keine Therapie für die Natur sein. Es ist ein Symptom einer psychischen Krankheit, die ‚behandelt' werden muss."

Dr. KARL-HEINZ LOSKE (*1956), Biologe, ehemaliger Jäger
und Autor von «Von der Jagd und den Jägern», im Gespräch mit
NINA MESSINGER (*12)

Gesund durch Naturbelassung

Die Abschussquote, die von Jägern oft als gesetzliche Verpflichtung angegeben wird, ist ein künstlich erstelltes Gesetz, welches mit der Natürlichkeit des Artenbestands nichts zu tun hat, den die Jäger ja ohnehin erst künstlich erzeugen. Man schaue sich die Nationalparks in der Schweiz oder in Italien an, in denen seit 1914 bzw. seit 1922 nicht gejagt werden darf. Dort gibt es auch keine Überpopulation. Der Wald ist seit Jahrzehnten in bestem Zustand und seit der Naturbelassung stark gewachsen. Die ökologischen Systeme funktionieren ganz allein und selbständig. Es ist wissenschaftlich erwiesen, dass ein Eingreifen durch den

Menschen nicht nötig ist, um die Bestandsdichten zu regulieren. Es gibt keine ökologische Begründung für die Freizeitjagd, von einer Notwendigkeit ganz zu schweigen.

Naturbelassung heißt auch, dass die Tiere ein Recht auf ihr natürliches Ende haben. Die Logik gebietet es jedenfalls nicht, dass man alte oder kranke Tiere vor ihrem natürlichen Tod bewahren muss, wie die Jäger ihre „Hege" auch oft auslegen, um ein heroisches Bild von sich zu produzieren.

Auf der Erde hat es viele Millionen Jahre keine Menschen gegeben. Auf der ganzen Welt gab es nur Tiere. Ziehen wir die fehlerhafte Logik der Jäger heran, dann hätte die Erde ohne Populationskontrolle durch den Menschen längst untergehen müssen.

Doch was, wenn eine Populationskontrolle tatsächlich nötig wäre? Müssten wir töten? Nein, denn eine solche Kontrolle ließe sich auch leicht auf andere Weise erreichen: durch Medikamente. Denn durch Einschränkung der Zeugungsfähigkeit ist es möglich, den Wildtierbestand genau zu kontrollieren. Mir liegen keine genauen Zahlen vor, jedoch ist es möglich, den Bestand auf unter hundert Tiere genau einzustellen. Das heißt, wenn man beispielsweise 4500 Hirsche haben möchte, kann man den Bestand auf eben diese Anzahl, plus/minus 10 bis 100 Tiere genau, begrenzen.

Es ist leicht möglich, auf die verschiedenen Rassen abgestimmte Impfköder zu präparieren und auszulegen. Seit Jahrzehnten funktioniert so die Populationskontrolle der Elefanten in den Nationalparks.

Doch wir schießen lieber. Und auch deshalb belaufen sich die Jagdopfer weltweit auf 500 Millionen Tiere im Jahr.

„Für einen denkenden Menschen mit Herz ist die Abschaffung der Jagd eine selbstverständliche Forderung. Die Ursachen dafür, dass es Leute gibt, die sich als ‚Freizeit-Tier-Killer' vergnügen, sind vielfältig und erfordern eine gesonderte Betrachtung.

Was alle Freizeitjäger miteinander vereint, ist die perverse Lust am Totschießen wehrloser Tiere. Eigentlich ist es furchtbar tragisch, dass man den lieben Gott nicht fragen kann, was er von diesem himmelschreienden Unfug gedankenloser Dummköpfe hält."

ERHARD SCHÜMMELFEDER, Rezensent des Buches «Von der Jagd und den Jägern» von Dr. KARL-HEINZ LOSKE
(Quelle: Rezension auf amazon.de)

„Jagd ist nur eine feige Umschreibung für besonders feigen Mord am chancenlosen Mitgeschöpf. Die Jagd ist eine Nebenform menschlicher Geisteskrankheit."

THEODOR HEUSS, erster deutscher Bundespräsident
(Quelle: zitate-online.de)

7 Die Logik und das zu Ende Denken der Gedanken

Denkvermögen und Intelligenz

Wie oben bereits angerissen ist die Frage der Moral nicht vorrangig die Frage nach dem Bewusstsein der Tiere. Nach neusten Erkenntnissen der Wissenschaft haben Tiere einer gewissen Größe, dazu gehören Rinder, Schweine und Hühner, jedoch ein Bewusstsein.
Zumindest verfügen sie unbestritten über ein elementares Grundbewusstsein. Viele Wissenschaftler sind sich darüber hinaus einig, dass oben beschriebene Tiere Erwartungen an die Zukunft haben, so wie sie ein Erinnerungsvermögen und ein Empfindungsvermögen besitzen. Sie verfügen sicherlich nicht über eine Syntax, formulieren in Gedanken also nicht. Jedoch sind wir uns doch einig, dass ein Hund beispielsweise einschläft mit dem Vorsatz: „Da laufe ich morgen wieder hin, da bekomme ich immer was zu essen!" Das ist unleugbar ein Denkvermögen.
Tiere mit einem Grundbewusstsein können also mindestens Angst, Panik, Freude und Verwirrung empfinden. Tatsache ist, dass jeder Hunde- oder Katzenbesitzer seinem Tier diese Eigenschaften völlig selbstverständlich zuerkennt.
Dieses Empfinden besitzen auch die Tiere, die wir als „Nutzvieh" bezeichnen. Die Intelligenz der Hunde, welche ja bekanntlich Stöckchen holen und sogar Menschen retten können, wird von der Intelligenz der Schweine sogar übertroffen. Schweine sind nachweislich intelligenter als Hunde. Sie sind mit einem für Rüssel umgebauten Joystick sogar in der Lage, Computerspiele

zu spielen und den Spielverlauf zu verfolgen. Schweine erkennen sich selber im Spiegel, eine Fähigkeit, die Menschen erst im Alter von zwei Jahren erreichen.

Wer das nicht glaubt, dem sei noch einmal Folgendes gesagt: Selbst wenn dies alles nicht stimmen würde, eines steht fest: Tiere können leiden!
Die letztendliche Frage lautet nicht: „Kann es denken?", sondern sie lautet: „Kann es leiden?" Die Leidensfähigkeit eines Geschöpfes ist der einzige entscheidende Maßstab. Und das bringt mich direkt auf die eigentliche Crux des Fleischkonsums.

Ist quälen schlimmer als töten?

Ich habe noch keinen Fleischesser getroffen, welcher der Meinung gewesen wäre, man könne Tiere ruhig quälen. Die Leidensfähigkeit der Tiere ist auch unter Fleischessern unbestritten. Und das Leiden der Tiere lehnen auch sie ab. Sie sind gemeinhin der Ansicht, dass man den Tieren keine Leiden zufügen darf, lehnen also die quälende Massentierhaltung im Prinzip ab – was sie meistens allerdings nicht davon abhält, weiter Fleisch zu essen. In der Regel machen sie sich vor, ihr Fleisch stamme (diesmal jedenfalls) aus humaner Tierhaltung.
Fleischesser sind also der Ansicht, man dürfe Tiere nicht quälen. Wohl aber darf man sie (möglichst schmerzlos natürlich) töten. Und hier liegt die größte Crux des Fleischkonsums. Der Gedanke der Schäden aus Qual und Tod wird nicht zu Ende gedacht, sondern auf halbem Weg zu einem völlig unlogischen Abschluss

gebracht. Schauen wir genauer hin und beantworten wir eine drängende Beispielfrage:
Was ist schlimmer: Einen Menschen zu töten oder ihn zu quälen? Ganz klar, töten ist schlimmer. Der Schaden durch Tod ist größer für das Lebewesen, er ist endgültig und irreparabel. Deswegen wird auch das Töten eines Menschen vom Gesetz härter bestraft als das Quälen.
Nun ist ein Tier ein ebensolches Lebewesen und der Tod ist auch für ein Tier der physisch größere Schaden. Trotzdem ist der Fleischesser der Meinung, dass er zwar nicht quälen darf, also den physisch kleineren Schaden zufügen, aber das Töten der Tiere erlaubt ist, also das Zufügen des physisch größeren Schadens. Hier widerspricht sich die selbst aufgestellte Logik in ihrem Gesamtkontext.
Demnach ist das Zufügen des kleineren Schadens unmoralisch, das Zufügen des großen, des größten Schadens für jeden Organismus aber ist moralisch vertretbar. Diese Logik ist vollkommen paradox. Wenn man das Quälen für unzulässig erklärt, so muss man das Töten in logischer Folge erst recht ablehnen.
Das Interesse zu leben ist das Hauptinteresse eines jeden Lebewesens. Das Interesse, nicht gequält zu werden, ist ein nachgeordnetes Interesse.

Jetzt könnte der Eindruck entstehen, ich sei prinzipiell gegen eine qualfreie Haltung der Tiere. Dem ist aber nicht so. Prinzipiell bin ich dafür, jedoch möchte ich das Recht in seiner Gänze erhalten. Tiere nicht quälen, aber töten zu dürfen, kann demnach nur eine Regulierung des Unrechts sein. Doch wenn Unrecht erst einmal reformiert wurde, läuft es Gefahr, institutionalisiert zu werden. Das Ziel kann in keinem Fall nur die artgerechte und qualfreie Haltung sein, sondern es muss die Reform zur qualfreien Haltung sowie die Abschaffung der Tötung sein.

„Selbst bei Biofleisch stehe ich vor einem logischen Widerspruch. Wenn es nicht in Ordnung ist, Tiere zu misshandeln, wie kann es dann in Ordnung sein, sie zu töten? Das ist doch noch viel schlimmer, als sie bloß zu quälen. Ein Tier in einen zu engen Käfig zu sperren ist gemein, aber totmachen ist ok oder was? Das grundlegendste seiner Bedürfnisse, den Willen zu leben, ignoriere ich einfach? Wenn man dem grundlegendsten Interesse eines Tieres, dem Interesse zu leben, keine Beachtung zu schenken braucht, warum sollte man sich dann durch seine nachgeordneten Interessen verpflichtet fühlen?"

KAREN DUVE (*1961), deutsche Schriftstellerin (*4)

Im Übrigen lässt sich das Quälen der Tiere ganz leicht vermeiden: Durch den Verzicht auf Fleisch! Und gleichzeitig leben wir dadurch gesünder, länger und erfüllter.

8 Jenseits von Recht und Moral

Fleisch ist kein Naturprodukt

Die Menge

Ich weiß, dass sich viele Fleischesser von Rechts- oder Moralfragen überhaupt nicht beindrucken lassen und sich dem Thema völlig verweigern (mehr dazu in Kapitel 14). Sehen wir uns deshalb doch mal den Fleischkomsum selber an.
Es mag sein, dass Fleisch vor 500 Jahren recht nachhaltig und natürlich hergestellt werden konnte. Würden wir heute auf diese Weise Fleisch herstellen, so stünden jedem Menschen 3 Fleischmalzeiten im Jahr (oder weniger) zur Verfügung. Den Rest des Jahres müsste er vegetarisch leben. Jedoch ist dem nicht so (Nachhaltigkeit, siehe Kapitel 9 und 10).
Jeder von uns kann zu jeder Mahlzeit fast beliebig viel Fleisch essen. Fleisch ist im Überfluss zu bekommen. In beinahe jedem kombinierten Lebensmittel ist Fleisch enthalten. Es herrscht ein solcher Fleischüberfluss, dass man als Vegetarier ratlos vor den Discounterregalen steht. Der Fleischkonsum hat in den vergangenen 20 Jahren, von 1993 bis 2013, um wahnwitzige 70 % zugenommen. Dabei hat es 1993 auch nicht gerade wenig Fleisch in den Supermärkten gegeben.
Noch heute (Stand 2015) wird von Jahr zu Jahr ein neuer Schlachtrekord aufgestellt.
Um die Nachfrage der Konsumenten zu bedienen und ein solches Angebot beibehalten zu können, ist die Massentierhaltung, die sogenannte „Intensivhaltung", nötig. 99 % des auf der Welt verzehrten Fleisches stammen aus der Intensivhaltung. Es ist wirklich unrealistisch zu denken, man könne sich dem entziehen

und nur ‚gesundes' Fleisch beim Metzger kaufen. Die Betriebe sind mittlerweile so organisiert, dass sie auch auf Fabrikfleisch zurückgreifen müssen. Die Ausnahme ist eventuell der ganz kleine Dorfschlachter, der noch auf diese Weise in der Gewinnzone arbeiten kann.

Fleisch als Kunstprodukt: geplante Tiere

Ich habe zuweilen erlebt, dass gesundheitsbewusste Menschen auf Tütensuppen oder auf Cola verzichten, da diese Produkte scheinbar nur aus künstlichen Inhaltsstoffen bestehen. Allerdings wird bedenkenlos Fleisch verzehrt, da es sich hier um ein ‚Naturprodukt' handelt. Und doch ist das Fleisch aus der Intensivhaltung alles andere als das. Alles, wirklich alles an diesem Fleisch ist manipuliert. Das beginnt bereits bei der Zeugung der Tiere. Beim heutigen ‚Designertier' wird ein konstruierter Genpool zur künstlichen Befruchtung verwendet. Natürliche Befruchtung gibt es nicht. Keines der Tiere im Fleischbetrieb ist zu natürlicher Befruchtung fähig! Die Zeugung wird künstlich herbeigeführt, um die Fleischproduktion zu steigern.
Im Pool ist bereits festgelegt, zu welchen Fleischerträgen das Tier später fähig ist. Alle Einflüsse, die eine Fleischgewinnung hemmen könnten, werden aus der natürlichen Zusammensetzung der DNA entfernt. Gleichzeitig werden völlig unnatürliche, aber wachstumstreibende Einflüsse hinzugefügt. Diese Tiere sind Genmutanten und haben mit dem natürlichen Bild eines Schweins oder Huhns nichts mehr gemeinsam. Die Fleischindustrie wird mittlerweile ganz zu Recht als „Frankensteinindustrie" bezeichnet. (taz am 20.01.2013)

Zum Beispiel gibt es nicht mehr „das Huhn". Heute gibt es zwei künstlich erzeugte Rassen. Die eine wurde für hohen Fleischertrag perfektioniert und ist nicht mehr fähig, Eier zu legen. Und die andere ist eine hocheffiziente ‚Eiermaschine', die keinem natürlichen Legerhythmus mehr folgt. Was hat so etwas bitte mit Natürlichkeit zu tun?
Um die Effizienz in allen Fällen noch weiter zu steigern, werden jegliche Umwelteinflüsse manipuliert. Jedes Schlacht- oder Legetier ist natürlichen Umweltbedingungen völlig entzogen. Die Tiere leben in fensterlosen Hallen, in denen Licht (zum Beispiel fressen Hühner mehr in langen Lichtphasen), Luftfeuchtigkeit, Temperatur und Tag-/Nacht-Phasen manipuliert werden. Alles wird so arrangiert, dass ein möglichst hoher Fleisch- oder Legeertrag erzielt werden kann.

Die größte Manipulation nach der Gentechnik jedoch sind die Medikamentengabe und das Futter. Alle Tiere bekommen Medikamente. Alle. Auch die vermeintlich gesunden. Doch gesunde Tiere gibt es in der Intensivhaltung ohnehin nicht. Die Industrie hat herausgefunden, dass sich mit kranken Tieren mehr verdienen lässt.
Die Tiere stehen in den Fleischbetrieben dicht an dicht und bekommen sozusagen im ‚Flächenabwurf' Antibiotika. Das Medikament wird bereits Ferkeln und Küken verabreicht.
96 Prozent aller Masthähnchen in allen Ställen sind gedopt. Nach einer Studie der NRW-Landesregierung bekamen 96,4 % aller Masttiere im Land Antibiotika. (*37)
Die Medikamente und das künstliche Futter sorgen für ein unnatürliches und qualvolles Rekordwachstum der Tiere durch Turbomast. JONATHAN SAFRAN FOER beschreibt dies in seinem Buch «Tiere essen» (*5) so:

"Stellen Sie sich zum Vergleich ein Kind vor. Das Kind bekommt ausschließlich Medikamente und Power-Riegel, und wächst in zehn Jahren auf 140 kg heran!"

Nachbehandlung und Vollendung zum Kunstprodukt

Nach dem Schlachten wird das Fleisch aromatisiert. Die meisten Schweine werden beispielsweise zu 20 bis 30 % ihres Eigengewichtes mit Salzwasser oder Bouillon oder anderen Aromastoffen aufgespritzt. Das ist notwendig, da sich in der Turbomast kein natürlicher Fleischgeschmack entwickelt. Zudem sorgt der hohe Wassergehalt im Fleisch für eine Gewinnmaximierung, da das Wasser beim Verkauf natürlich mitgewogen wird.
Dann kommen weitere künstliche Substanzen ins Fleisch. Zu nennen sind hier chemische Konservierungsstoffe, damit bei wochenlanger Lagerung kein unangenehmer Geruch entsteht, sowie Färbemittel, weil unter diesen Voraussetzungen hergestelltes Fleisch nicht rot, sondern gelblich oder grau-grünlich wird – doch Fleisch dieser Farbe würde niemand kaufen.

Keimbelastung

Ein weiteres Problem ist die Keimbelastung, welche durch die völlig unnatürliche Qualhaltung, die künstliche Veränderung der Gene und die Ernährung der Tiere entsteht. Keime sind die Folge des massenhaften Antibiotika-Einsatzes in der Massentierhaltung. In jeder vierten Probe aus Hackfleisch oder Filet tummeln sich multiresistente Keime. In Europa sterben jährlich 5.000 Menschen an Infektionen mit den multiresistenten Keimen des Stammes MRSA. In Deutschland gibt es jährlich 15.000 Todesfälle, die auf multiresistente Keime zurückzuführen sind. Der BUND hat bei Untersuchungen von Hühnerfleisch in jeder zweiten Probe multiresistente Keime gefunden.

Der gefürchtete „Krankenhauskeim" ist eine direkte Folge der Massentierhaltung. 86 % der Schweinebauern tragen den Keim in sich. In Gegenden mit hohem Tierbestand kursiert das Gerücht, man bekäme im Krankenhaus ein Einzelzimmer, wenn man bei der Anmeldung behauptet, man sei Schweinebauer.

Was sollte denn wohl auch Gutes dabei herauskommen, wenn man 40.000 kranke Tiere mit einer idiotischen genetischen Ausstattung in absurder Enge zusammenpfercht?

Auch der Salmonellenbefall lässt sich nicht unter Kontrolle bekommen. Befallene Hähnchen dürfen daher sehr wohl in den Verkauf und in die Schlachtung gelangen. Denn nach EU-Richtlinien kommt es lediglich auf die Menge der Erreger an.

„Das ganze System ist so pervers, dass ich weinen kann, wenn mir das jemand als Fortschritt verkauft. Es ist für die Umwelt pervers, für die Tiere, für die Bauern, für die Anwohner, für die Luft! Den einzigen Vorteil haben Menschen, die nichts direkt mit den Tieren zu tun haben, die damit Geld in großen Mengen verdienen. Das sind die Pharmaindustrie, der Handel und die Hersteller."

So der Tierarzt NICKI SCHIRM (*37).

Und auch noch Pestizidbelastung

„Fleisch ist mit Abstand das Nahrungsmittel mit der höchsten Pestizidbelastung. Es enthält durchschnittlich 14-mal höhere Pestizidrückstände als pflanzliche Lebensmittel. Somit nehmen Fleischesser ein Vielfaches mehr an Pflanzengiften auf als Vegetarier. [...]
Wussten Sie, dass das Krebspotential der Hühner in der heutigen Massentierhaltung auf fast 100 % geschätzt wird?"
Dr. VIRGINIA LIVINGSTON-WHEELER,
U.S.-amerikanische Krebsexpertin (*12)

„Viele der für den menschlichen Verzehr gedachten Hühner haben bereits Krebstumore, die teilweise sogar deutlich sichtbar sind. [...]"
„Kurz gesagt: Das Fleisch auf unserem Teller ist nichts anderes als ein Stück verwesende Tierleiche, gemixt mit Säuren, Pestiziden, Medikamenten, Hormonen, künstlichen Stoffen und der Todesangst des Tieres selbst. Dass dies nicht gesund sein kann, liegt auf der Hand."
NINA MESSINGER (*1980), «Du sollst nicht töten» (*12)

Fazit

Fleisch aus den Fleischfabriken ist heutzutage nichts weiter als ein Kunstprodukt, vergleichbar mit Cola und Tütensuppen. Wir wissen, dass 92 % aller Toxine in unseren Lebensmitteln im Fleisch zu finden sind. Es handelt sich bei Fleisch heutzutage um eine Substanz, die von Grund auf aufgebaut und hergestellt werden muss. Es ist kein natürlich gewachsenes Produkt wie ein Apfel, an dem ehrlich gesagt auch schon genug herummanipuliert worden ist. Das wird allerdings vom Kunstprodukt Fleisch weit übertroffen.

Fleisch ist heute das ungesündeste und unnatürlichste Lebensmittel, das wir kennen. Und es ist eine zerstörerische Substanz.

9 Was Fleischverzehr anrichtet

„Die Fleischindustrie gibt Hunderte Millionen Dollars aus, um die Öffentlichkeit in Bezug auf ihre Produkte zu belügen. Aber keine Summe falscher Propaganda kann Fleisch reinwaschen. Die Fakten sind absolut klar: Fleischessen ist schlecht für die Gesundheit des Menschen, katastrophal für die Umwelt und für die Tiere ein lebendiger Albtraum."
CHRISSIE HYNDE (*1951), U.S.-amerikanische Rockmusikerin und Frontfrau der Band Pretenders (*1)

Verantwortlichkeit

Der normale Fleischesser ist gemeinhin der Ansicht, dass er mit Umweltzerstörung und Grausamkeit weiter nichts zu tun hat. Man ahnt bestenfalls, dass die Fleischproduktion irgendwie ein bisschen grausam und wohl auch für einige Umweltschäden verantwortlich sein soll, jedoch hat man doch mit der ganzen Sache so gut wie nichts zu tun. Schließlich ist man ja nicht direkt verantwortlich. Die Schäden richten andere an, man selber kauft das Fleisch ja nur.
Diese Sicht der Dinge ist falsch. Jeder Konsument ist für die Produktion des entsprechenden Konsumgutes durch seine Nachfrage direkt verantwortlich. Jeder Fleischesser gibt das Quälen sowie das Töten der Tiere und die Umweltzerstörung durch seine Fleischbestellung direkt in Auftrag.
Damit wenigstens ansatzweise deutlich wird, was die Fleischproduktion anrichtet, möchte ich einige Folgen und die Dimen-

sion der Schäden beschreiben. Der ganze Umfang der Schäden ist derart gigantisch und komplex, dass die Darstellung hier den Rahmen sprengen würde. Ich kann nur jedem dringend empfehlen, sich selber über die Ausmaße zu informieren. Die entsprechenden Werke liste ich im Anhang dieses Buches auf.

Die vierte Dimension: Wahnsinnig viele Tiere

Mir ist selten ein Fleischesser begegnet, der sich über die Dimensionen, in denen er lebt, bewusst gewesen wäre. Über diese Dimensionen sind sich meist nur Vegetarier im Klaren.
Momentan leben auf der Erde 7 Milliarden Menschen. Dem gegenüber stehen schätzungsweise 450 Milliarden Tiere Schlachtvieh. Jährlich werden viele Milliarden Tiere weltweit geschlachtet. Je nach Rasse und Spezies benötigt man jedoch die dreifache Menge, damit bei der großen Kundennachfrage der Nachschub nicht abreißt. Das heißt, dass etwa 450 Milliarden Tiere Schlachtvieh permanent gehalten werden müssen. Das sind vorsichtige Schätzungen, die sich in der investigativen Literatur finden lassen. Wahrscheinlich ist das Aufkommen 100 % höher! Und das ist nur das Schlachtvieh: Die vielen Milliarden Milchkühe und Legehühner sind in dieser Rechnung noch gar nicht berücksichtigt.
Diese vielen Tiere richten unglaubliche Umweltschäden an. Die Massentierhaltung sorgt für den größten CO^2-Ausstoß aller Industrien. Die Massentierhaltung sorgt für mehr CO^2-Ausstoß als der gesamte Verkehrssektor einschließlich Schiffsverkehr und Luftfahrt. Darüber hinaus verursacht die Massentierhaltung

einen gigantischen Methanausstoß, der ein 23-mal größeres Verschmutzungspotential aufweist als CO^2. Übertroffen wird das noch durch den hohen Lachgasausstoß, dessen Verschmutzungspotential 300-mal höher ist als beim CO^2.
Nach einer Studie des WORLD WATCH INSTITUTE von 2009 ist die Massentierhaltung für mindestens 51 % aller Treibhausemissionen verantwortlich. Durch eine vegane Lebensweise könnte die Menschheit die Treibhausemissionen halbieren und die Klimakatastrophe aufhalten!
„Ohne die Umstellung der menschlichen Ernährungsgewohnheiten hin zur veganen Ernährung werden alle anderen Maßnahmen zur Treibhausgasreduzierung so gut wie nichts bewirken, und die Klimakatastrophe nicht verhindert werden können."
Dr. E. HENRICH (*3)

Vom Schlachten bis zum Teller setzt Geflügel zum Beispiel 1250 Gramm CO^2-Äquivalente frei. Gemüse bringt es da auf nur 150 Gramm.

Die Intensivhaltung hat den höchsten Wasserverbrauch aller Industrien. In Punkten ausgedrückt macht Rindfleisch die meisten Probleme mit 16.726 Punkten, gefolgt von Schweinefleisch mit 5.469 Punkten. Zum Vergleich: Kartoffeln bringen es auf 133 Punkte.
Ein Beispiel mit konkreten Zahlen: Der WWF hat ermittelt, dass 1 kg Rindfleisch 15.500 Liter Wasser verbraucht, bis es auf dem Teller landet. Das reicht, um einen Swimmingpool zu füllen.
Man bedenke, dass ein Drittel der Menschheit nicht genug Wasser hat. 1,1 Milliarden Menschen haben keinen Zugang zu sauberem Trinkwasser, unter anderem, weil die Fleischindustrie Seen, Flüsse und Meere mit Giftstoffen vollpumpt. Über zwei

Milliarden Menschen leben in Gebieten mit „Wasserstress". Durch die Klimaveränderung wird die Verfügbarkeit unseres wichtigsten Lebensmittels immer kritischer. Es ist höchst gefährlich, die knappen Ressourcen auch noch in die fragwürdige Viehwirtschaft zu pumpen.

Die fünfte Dimension: Wahnsinnig viele Tiere ohne Toilette

Doch sind der Ausstoß schädlicher Treibhausgase und die Verschwendung von Trinkwasser noch nicht einmal der Gipfel des Eisbergs. Das sind die Exkremente. Denn wenn 450 Milliarden Nutztiere täglich essen, dann produzieren sie auch täglich Exkremente.
Die Tierfäkalien werden jedoch nicht etwa entsorgt oder aufbereitet, wie es bei Menschenfäkalien die Regel ist. Für die Mastbetriebe existiert weltweit keine Infrastruktur, um die vielen Tierexkremente aufzunehmen. Die Gülle wird einfach in sogenannte „Lagunen" gepumpt. Das sind Löcher, so groß wie zwei Fußballfelder, zehn Meter tief, die einfach ausgebaggert werden und ihren Inhalt daher auch nicht halten können! Ein einziger Fleischbetrieb unterhält bis zu 100 solcher Lagunen, in die die Gülle hineingekippt wird. Von dort aus gelangt sie in Seen und Flüsse, in Wälder und Felder. Oft wird die Gülle auch einfach mittels eines turmhohen Pump- und Düsensystems senkrecht in die Luft gesprüht!
Die Agrarflächen der Erde können bestenfalls 11 % dieser gigantischen Menge Fäkalien aufnehmen. Um noch einmal die

Dimension zu verdeutlichen: Allein die U.S.A. produzieren 40.000 kg Fäkalien pro Sekunde! Allein in den U.S.A. produzieren die für den Verzehr gezüchteten Tiere 130 x mehr Urin und Kot als die gesamte Weltbevölkerung. Und die U.S.A. sind nur eins von 192 Ländern auf der Erde.

Eine der vielen Auswirkungen dieser epochalen Sauerei ist mit Nitrat verseuchtes Grundwasser. Die Krankheiten der Menschen, welche nahe solchen Mastbetrieben wohnen, sind von den Ärzten gar nicht mehr in den Griff zu bekommen.
Es gibt einzelne Fleischbetriebe, die mehr Fäkalien produzieren als amerikanische Großstädte.
Das Verschmutzungspotential dieser wahnsinnigen Menge ist gigantisch. Tiere produzieren 130-mal mehr Fäkalien als Menschen. Und das Verschmutzungspotential von Tierfäkalien ist 160-mal größer!
Man geht davon aus, dass in den U.S.A. bereits mehr als 56.000 km der Flüsse durch die Massentierhaltung vergiftet worden sind. Zum Vergleich: Der Erdumfang beträgt 40.000 km.
Falls jetzt jemand denkt, es gäbe Umweltschutzgesetze gegen diese Umweltkatastrophe, so muss ich ihn enttäuschen. Die Fleischindustrie kann weltweit praktisch machen, was sie will. Denn die wenigen existierenden Gesetze können leicht umgangen oder verwässert werden. Der Marktführer in der Fleischproduktion, Smithfield, begeht 7000 Umweltverstöße im Jahr. Das sind 19 Verstöße pro Tag! Hierfür wird die Strafe bezahlt und die Vergiftung geht ungebremst weiter. Das sind keine Versehen, das ist ein gewolltes Geschäftsmodell.

JONATHAN SAFRAN FOER, «Tiere essen» (*5)

Nur die Verbraucher haben die Macht, dem Einhalt zu gebieten und diesen Konzernen die Macht zu nehmen, indem sie Fleischprodukte boykottieren. Die Politik tut nichts gegen diese Katastrophen.

Ein weiteres Beispiel der riesigen Verschmutzung ist im Golf von Mexiko zu erkennen. An der Mündung zum Mississippi weisen rund 20.000 Quadratkilometer (so groß wie Rheinland-Pfalz) einen so niedrigen Sauerstoffgehalt auf, dass dort kein Leben mehr möglich ist. Das Phänomen ist weltbekannt. Fachleute nennen diese Gebiete Todeszonen.

„Die Massentierhaltung erweist sich als eins der zwei hauptsächlichen Faktoren in den größten Umweltproblemen, und zwar auf jeder Ebene, von der lokalen bis zur globalen."
UNO,
FAO-Studie 2006 (*19)

„Die gewaltigen Gewinne dieser Firmen beruhen nicht nur auf Eigenleistung, sondern auch auf den Umweltschäden durch Tierhaltung und Futtergetreide sowie auf staatlichen Beihilfen. Eine ökologische und ökonomische Gesamtbilanz der Branche steht aus. Aber ihre Umrisse sind erkennbar. Drei Rechnungen werden beim Kauf tierischer Lebensmittel ausgestellt: eine dem Konsumenten, eine dem Steuerzahler und eine der Natur. Milliardenschwere EU-Beihilfen umfassen unter anderem Flächenzahlungen und die Bereitstellung von Verkehrsinfrastruktur, insbesondere die Hälfte für den Futtermittelhandel. Die EU fördert zudem Investitionen in Ställe mit bis zu 50 Prozent, ein mächtiger Anreiz, mehr Schweine, Geflügel und Rinder zu pro-

duzieren. Zusätzlich stehen im EU-Haushalt jährlich über 240 Millionen Euro direkt für die fleischverarbeitende Industrie zur Verfügung. Ein weiterer Billigmacher sind die niedrigen Löhne auf Schlachthöfen in Ländern wie Deutschland, in denen ein verbindlicher Mindestlohn fehlt."

OECD,
Agricultural Policy Monitoring and Evaluation 2012 (*3)

Einsicht in die Produktionsmethoden

„Kaum ein Verbraucher kann noch sehen, wie die Tiere gehalten und geschlachtet werden. Weil die Produktionsstätten inzwischen überwacht werden wie Gefängnisse. Nicht, damit keiner ausbrechen, sondern damit kein Unbefugter einbrechen und sehen kann, was dort geschieht."

MARSILI CRONBERG,
Autor von «Wie ich verlernte, Tiere zu essen» (*14)

Viele Betriebe bieten einen Tag der offenen Tür an: Autokonzerne, Computerfirmen oder Baubetriebe. Und viele Unternehmer sind stolz auf ihre fortschrittlichen und effektiven Produktionsmethoden.
Die Fleischbetriebe lassen niemals eine Einsicht in ihre Halte- oder Schlachtmetoden zu. Deshalb haben die meisten Verbraucher keine Ahnung, was in den Fleischfabriken geschieht.

Das zarte Hühnerfleisch

Schlachthühner werden in unglaublich großer Zahl in Hallen gehalten. Bis zu 50.000 Tiere drängen sich dort auf engstem Raum. Bei einem Viertel der Tiere kommt es dadurch zu Ermüdungsbrüchen, was auch an ihrer Frankensteingenetik liegt.
Die unglaubliche Enge, in der die Tiere hinvegetieren müssen, sorgt für Haltungsschäden und große Wundstellen. Die Hühner haben fast keine Federn. Alle Tiere sehen sehr elend aus und haben große kahle Stellen im spärlichen Gefieder. Mit dem Kinderbuchbild eines weißen, gesunden Vogels haben diese gequälten Wesen nichts gemeinsam.
Um die Tiere zum Schlachtbetrieb zu bringen, werden sie in Kisten gequetscht, um sie auf LKW zu verladen. Dabei brechen wieder die Knochen der Tiere, weil so viele wie möglich in eine Kiste passen müssen. In dieser unerträglichen Lage müssen sie bis zu drei Tage bleiben, ohne Futter, ohne Wasser, bis der LKW sein Ziel erreicht hat. Bis zu 30 % der Tiere sterben bei diesem Transport. Diese Sterbequote wird in der Branche als normal angesehen.

Im Schlachthof werden die Hühner, Kopf nach unten, in die Schlachtanlage gehängt. Die Maschinen arbeiten wie am Fließband. Das Huhn wird, natürlich ohne Betäubung, durch ein elektrisches Wasserbad gezogen. Dann kommt die Schneidemaschine, die den Tieren den Hals aufschneidet und die Hühner ausbluten lässt. Selbstverständlich werden bei der rasenden Geschwindigkeit lange nicht alle Tiere erwischt. Also kommt ein „Nachschneider", der ebenso Mühe hat, alle zu erwischen. Arbeiter haben ausgesagt, dass der Lärm der vor wahnsinnigen Schmerzen schreienden Tiere so laut ist, dass man mit Gehörschutz arbeiten muss.

Die Produktionsgeschwindigkeit ist so hoch, dass ein Inspektor (Fleischbeschauer) ganze 2 Sekunden Zeit hat, um ein Tier auf 12 bekannte Krankheiten zu untersuchen. Damit nicht im luftleeren Raum argumentiert wird, möchte ich einmal ein Zahlenbeispiel nennen. Der Fleischgigant Rothkötter sieht in einem seiner Geflügelschlachthöfe vor, 135 Millionen Tiere pro Jahr zu schlachten. Das sind 370 000 Hühner pro Tag, 15 000 pro Stunde, vier in der Sekunde.

Die Keimbelastung ist ein großes Problem in Schlachtanlagen. Tierkot, Urin, Erbrochenes und Blut können gar nicht beseitigt werden – die Zeit reicht nicht. Deshalb werden die Tiere nach dem Aufschneiden durch ein Wasserbad gezogen, das alle Fäkalien abwaschen soll. Doch natürlich wird immer dasselbe Wasser verwendet. Eine Flüssigkeit, die von Insidern Fäkalsuppe genannt wird.

Das leckere Schweineschnitzel

Haltung und Schlachtung von Schweinen ähneln den Methoden in der Hühnermast. Es werden entweder unzählig viele Schweine in absurder Enge zusammengedrängt oder die Tiere stehen in Kastenständen, in denen sie sich nicht umdrehen können, um sich nicht gegenseitig zu beißen. Sie stehen dort jahrelang, ohne sich umdrehen zu können! So können sie dann nur völlig manisch und wahnsinnig an ihren Gitterstäben nagen.

In diesen Mastbetrieben herrschen unfassbare Zustände. Die Tiere stehen buchstäblich in ihrer Scheiße. Dazwischen finden sich jede Menge tote Tiere und Körperteile. Durch ihr groteskes Aussehen, bedingt durch ihre Frankensteingene, die hohe Fleischerträge sichern sollen, können sie kaum stehen. Bei drei von vier Tieren kann man sehen, dass sie Schmerzen haben. Aktivistenvideos, die heimlich in Mastbetrieben aufgenommen wurden, zeigen, wie die Schweine mit wahnsinnigem, verzweifeltem und schmerzverzerrtem Gesicht vor Panik wie am Spieß schreien, wenn man sich ihnen nähert oder sie anleuchtet.

Die absurde Enge und die hygienischen Zustände in diesen Mastbetrieben sind ein wahrer Brutplatz für Viren und Krankheiten. Ein Umstand, der durch die völlig idiotische genetische Ausstattung der Tiere noch verstärkt wird! Es lässt sich nachweisen, dass die Viren H1N1 und das H1N5 aus Schweinemastbetrieben in Amerika stammen. Auch das H7N9, die Vogelgrippe und der gefürchtete Krankenhauskeim, mit dem sich jährlich 600.000 Menschen in Deutschland infizieren, sind eine direkte Folge der Massentierhaltung.

Der Fleischatlas der HEINRICH-BÖLL-STIFTUNG (*19) zeigt, wie hoch der Einsatz von Antibiotika zur Gesunderhaltung der Tiere in der globalen Massenproduktion von Fleisch ist. Im weltweiten Ranking liegt Deutschland mit geschätzt etwa 170 Milligramm eingesetzten Antibiotika pro Kilogramm erzeugtem Fleisch auf einem der vorderen Plätze. Das Ergebnis ist die Zunahme von Antibiotika-Resistenzen. Europaweit sterben im Jahr rund 25.000 Menschen aufgrund von Antibiotika-Resistenzen.

Um die Schweine von hier nach dort zu treiben oder sie letztendlich in die Verladerampe oder die Tötungsbox zu treiben, werden sie regelmäßig mit Eisenstangen geprügelt. Arbeiter haben ausgesagt, dass man trächtigen Sauen, die als permanente Gebärmaschinen entwickelt wurden und deshalb völlig grotesk aussehen, buchstäblich die Scheiße aus dem Leib prügeln muss, um sie in das Abferkelgitter zu bekommen, *„weil die einfach nicht da rein wollen!"*. So JONATHAN SAFRAN FOER in «Tiere essen» (*5).

„Diese Gleichgültigkeit. Diese Selbstverständlichkeit des Mordens. Ich möchte, ich muss sprechen, es mir von der Seele reden. Ich ersticke daran. Von dem Schwein möchte ich erzählen, das nicht mehr laufen konnte, mit gegrätschten Hinterbeinen da saß. Das sie solange traten und schlugen, bis sie es in die Tötungsbox hineingeprügelt hatten."
Aus dem Schweineschlachthof-Praktikumsbericht der Tierärztin CHRISTIANE HAUPT (*3)

Die Transport- und Schlachtmethoden sind indes ebenso grausam. Schweine zeigen oft ein Verhalten, welches als sogenanntes Trauern bekannt ist. Sie sitzen völlig apathisch da und stützen sich auf ihre Vorderläufe. Wissenschaftler nennen dies „erlernte Hilflosigkeit". Durch ihre hohe Intelligenz haben die Tiere gelernt, dass sie sich in ihr grausames Schicksal fügen müssen. Es ist bekannt, dass viele Schweine im Schlachthof einen Herzinfarkt erleiden. Auch bei Aufzucht und Haltung kommt es häufig zu dem sogenannten sudden death syndrome. Ein Zeichen für die große Angst der Tiere.

Wer immer noch glaubt, die Tiere hätten keine Seele, der sollte spätestens hier einhalten. Ein Bewusstsein zu haben ist eine Voraussetzung, um Angst empfinden zu können. Es ist in der Indus-

trie bestens bekannt, dass die Tiere unter großem Stress Gifte ausscheiden, die in das Fleisch eingehen. In Hamburg haben Menschen Vergiftungen erlitten, weil sie Thunfische gegessen hatten, die bei lebendigem Leib zersägt worden waren. Die Tiere erlitten so unglaubliche Angst, dass ihr Fleisch ungenießbar wurde.
„Zwischen der Ahnungslosigkeit gegenüber den Schandtaten in totalitären Staaten und der Gleichgültigkeit gegenüber der am Tier begangenen Gemeinheit [...] besteht ein Zusammenhang. Beide leben vom sturen Mittun der Massen bei dem, was ohnehin geschieht."
MAX HORKHEIMER (1895 – 1973),
Sozialphilosoph, Kopf der Frankfurter Schule (*9)

Das saftige Rindersteak

Rinder haben es in der Haltung ein wenig leichter. Jedoch machen die Schlachtmethoden bei Rindern geradezu sprachlos. Ihnen werden, genauso wie Schafen, Ziegen und vielen Schweinen, ohne Betäubung die Hoden herausgerissen, damit das Fleisch besser schmeckt. Rinder werden meist ohne weitere Betäubung geschlachtet: Der Vorgang wird bei vollem Bewusstsein der Tiere in Gang gesetzt.
Manchmal werden die Tiere mittels eines Bolzenschusses leicht betäubt. Oft muss bis zu zwölf Mal nachgeschossen werden, bis eine Kuh zu Boden geht. Doch warum werden die Tiere nur betäubt? Der Grund ist auch hier eine Optimierung des Ertrages: Die Schlachtgeschwindigkeit kann erhöht werden, wenn die Tiere noch leben. Denn tote Tiere bluten langsamer aus.

Nach dem Halsschnitt werden die Rinder an die Haken des Kettenfließbands gehängt. Die Tiere öffnen hier noch regelmäßig ihre Augen. Von 30 Tieren, die innerhalb einer Stunde mittels Bolzenschuss betäubt werden, erwachen 6 wieder. Viele bäumen sich blutüberströmt noch einige Male auf, sodass die Schlächter in Deckung gehen müssen.
Dann kommt das Rind, mit frischem Halsschnitt, noch lebend auf den Zerteiltisch. In der Fließband-Fleischproduktion gibt es für jeden Vorgang einen extra Schlachter. Es gibt Kopfschlachter, Beinschlachter usw. Die Beinschlachter schneiden den Tieren die Füße ab. Sie haben ausgesagt, dass es aussieht, als wollten die Rinder die Wände hochlaufen, wenn sie versuchen, rasend vor Schmerzen, mit abgeschnittenen Füßen wegzulaufen.
(JONATHAN SAFRAN FOER, «Tiere essen»)
Im Internet zugängliche Videoaufnahmen dokumentieren eindeutig, dass die Tiere bei vollem Bewusstsein geschlachtet werden!
„Die Mehrzahl von Kühen, die sie aufhängen [...], ist noch am Leben. Sie öffnen sie. Sie häuten sie. Sie sind immer noch am Leben. Ihre Füße sind abgeschnitten. Sie haben ihre Augen weit aufgerissen und sie weinen. Sie schreien, und du kannst sehen, wie ihnen die Augen fast rausspringen."
GAIL A. EISNITZ, «Slaughterhouse» (*3)

Die Fluktuation der Arbeiter liegt in solchen Betrieben bei etwa 150 % im Jahr.

Es ist nicht verwunderlich, dass die Fleischindustrie noch nicht einmal sehr enthusiastische Fleischesser in die Nähe ihrer Schlachtanlagen kommen lässt. Geschweige denn Filmaufnahmen zulässt oder eine Führung veranstaltet. Selbst in den wenigen Schlachtanlagen, in denen die Tiere einen schnellen Tod sterben, ist kein Tag vorstellbar, an dem nicht hunderte Tiere ein unfassbar grauenhaftes Ende finden. Fleisch ist heute ein Produkt intensiver Tierquälerei.

„Wo es um Tiere geht, wird jeder zum Nazi […]. Für Tiere ist jeden Tag Treblinka."

ISAAC BASHEVIS SINGER (1902 – 1991),
polnischer Schriftsteller (*9)

Nahrung für Vieh statt für Menschen

Eines der größten Probleme, die durch die Fleischproduktion mitverursacht werden, ist der Hunger in der Welt. Denn für die gigantisch große Fleischproduktion muss Viehfutter geschaffen werden. Und dafür müssen unglaublich viele Agrarflächen in rasender Geschwindigkeit vernichtet werden. Ein Drittel der eisfreien Erdoberfläche wird für die Futtermittelproduktion genutzt. Im Jahre 2050 wird die nutzbare Landmasse für die Futtermittelproduktion nicht mehr ausreichen.

Die hohe Nachfrage nach Fleisch treibt also auch die Getreidepreise nach oben. Das führt dazu, dass mit diesem Grundnahrungsmittel spekuliert wird – wodurch die Getreidepreise weiter steigen. So weit, dass sich die Armen auf der Erde kein Getreide mehr leisten können.

Über eine Milliarde Menschen sind weltweit vom Hungertod bedroht. In vielen ihrer Heimatländer werden jedoch genug pflanzliche Lebensmittel angebaut. Allerdings werden die als Mastfutter in die Industriestaaten exportiert.

„Achtzig Prozent der hungernden Kinder leben in Ländern, die tatsächlich über Nahrungsüberschüsse verfügen; doch sie müssen hungern, weil Farmer das überschüssige Getreide an Tiere verfüttern, nicht an hungrige Menschen."
PETA, «vegetarisches Starter Kit» (*20)

„Täglich sterben zwischen 6.000 und 43.000 Kinder an Hunger, während ca. 40 % der weltweit gefangenen Fische, ca. 50 % der weltweiten Getreideernte und ca. 90 % der weltweiten Sojaernte an die ‚Nutztiere' der Fleisch- und Milchindustrie verfüttert werden! 80 % der hungernden Kinder leben in Ländern, die einen Nahrungsüberschuss produzieren, doch die Kinder bleiben hungrig und verhungern, weil der Getreideüberschuss an Tiere verfüttert bzw. exportiert wird."
Dr. med. ERNST WALTER HENRICH, Arzt und Autor (*3)

Wir nehmen den Hungernden also das Getreide weg, um Fleisch daraus herzustellen. Doch dieses Fleisch geben wir ihnen dann natürlich nicht zurück, sondern essen es selber.
Wie viele Menschen müssen wohl wirklich für unseren maßlosen Fleischverzehr sterben? **Wie viele Menschen lassen wir für unsere völlig unnötige Vorliebe verhungern?**

Pflanzen haben auch Schmerzen!

Wir wissen nicht, ob Pflanzen Schmerzen empfinden können. Es ist aber mehr als unwahrscheinlich. Pflanzen besitzen weder ein Gehirn, noch auch nur ein primitives Nervensystem oder Ner-

venzellen, noch die Möglichkeit, sich von einer Schmerzquelle entfernen zu können. Betrachtet man die pflanzliche Struktur, so ist die Leidensfähigkeit praktisch ausgeschlossen. Bei Tieren jedoch wissen wir sicher, dass sie leidensfähig sind.
Ohnehin ist der Einwand nicht aus aufrichtiger Sorge um die Pflanzen erwachsen. Der Einwand dient als Ausrede, weiter Fleisch essen zu dürfen – denn wenn Vegetarier Pflanzen Schmerzen zufügen, dann dürfen Fleischesser das auch bei Tieren. Doch schneiden sich die Nutzer dieses Argumentes ins eigene Bein, denn wenn Pflanzen tatsächlich Schmerzen empfinden könnten, dann würden Fleischesser durch die Futtermittelproduktion indirekt 11x mehr Pflanzenleid verursachen als Vegetarier.

„Vom Wetter bedingte Katastrophen, wie Stürme, Überschwemmungen und Feuersbrünste, haben sich seit den 1960er Jahren verdreifacht. Die Kosten der Schäden, die sie verursachen, haben sich verachtfacht. Eigentlich ein Unding, dass die sozialen und politischen Umstände immer noch so sind, das die Fleischesser ihr Handeln als legitim begreifen!"

KAREN DUVE (*4)

10 Das Märchen von der artgerechten Haltung

„Es gibt keine artgerechte Tierhaltung. Keine einzige Tierart wurde von der Natur dafür geschaffen, vom Menschen gehalten zu werden. Das ist auch logisch, da die vom Menschen genutzten Arten älter sind als der Mensch selbst und Millionen Jahre lang in Freiheit lebten. Und was steht überhaupt am Ende der angeblich artgerechten Haltung? Werden die Tiere dann freigelassen, oder will man als Gipfel der menschlichen Überheblichkeit die Tötung auch noch artgerecht nennen? Ach ich vergaß: man nennt es ja ‚humane' Tötung."

MARSILI CRONBERG,
«Wie ich verlernte, Tiere zu essen» (*14)

Die fleischproduzierende Industrie will uns immer wieder weismachen, Tiere in Massentierhaltung artgerecht halten zu können. Jedoch ist doch das Halten der Tiere an sich schon nicht natürlich. In der Tierhaltung kann es niemals artgerecht zugehen, denn es kann keine Natürlichkeit oder Gerechtigkeit geben, wenn man Tiere hält, um sie kommerziell zu verwerten.

Wir müssen bedenken, was wir da tun: Wir erschaffen empfindungsfähige und von der Natur her freie und unabhängige Lebewesen, um sie ein Leben lang in quälender Haft zu halten und sie zuletzt zu töten. Dieser Vorgang widerspricht jeglicher Artgerechtigkeit.

Das Leben im Wandschrank

Anfänglich wurde die Haltung der Tiere nicht weiter berücksichtigt und erregte in der Öffentlichkeit kein Aufsehen. Das änderte sich erst, als die unfassbaren Zustände in den Fleischfabriken langsam durchsickerten. Langsam begannen sich die Menschen für die Methoden zu interessieren und ebenso langsam gelang es Aktivisten und Journalisten, etwas über die Haltungsmethoden zu erfahren. Es entwickelte sich ein Bewusstsein, das für die sogenannte artgerechte Haltung der Tiere plädierte. Der Gesetzgeber schaltete sich ein und wir haben heute Gesetze, welche die artgerechte Haltung regeln sollen.
Nun hat die Lobby der Industrie schon lange großen Einfluss auf die Politik geltend machen können und die Politik geradezu gekapert. Deshalb wurden die Regeln der artgerechten Haltung natürlich nicht von der Natur abgeguckt, sondern der profitorientierten Fleischindustrie auf den Leib geschrieben. In dieser Form wurden sie anschließend in die Tierschutz- und Agrarschutzgesetze aufgenommen.
Glaubt man diesen Gesetzen, so ist es artgerecht, Hühner in Käfigen zu halten, die ganze 0,043 qm Grundfläche haben. Das ist etwas weniger als ein DIN-A4 Papierbogen Platz für Tiere, die so groß sind wie ein Fußball! Ich benutze bewusst den Plural, weil diese winzige Fläche nämlich nicht für ein Huhn vorgesehen ist. In der Fachliteratur der Nutzviehhaltung steht die Empfehlung, bis zu sechs (!) Hühner in diese winzigen Käfige zu quetschen, in dem ein einzelnes Huhn bereits keinen ausreichenden Platz hätte.
„Enge zahlt sich aus!", heißt es in den Empfehlungen.
Aber Käfighaltung ist in Deutschland doch seit 2011 verboten? Nein, de facto leider nicht. Denn kaum beschlossen und der Öf-

fentlichkeit als Sieg verkauft, ist das Gesetz klammheimlich wieder rückgängig gemacht worden. Die Lobby setzte sich durch. Die Käfighaltung darf noch 11 Jahre weiterbetrieben werden, da neu eröffnete Betriebe mit Käfighaltung sonst Insolvenz anmelden müssten. Warten wir, was im Jahre 2022 beschlossen werden wird. Ich wette darauf, dass auch dann die Käfighaltung weitergehen darf.

Sehen wir uns die sogenannte Freilandhaltung an. Hier gilt es als artgerecht, die Tiere in ebenso überfüllte Hallen zu quetschen (bis zu 50.000 Tiere pro Halle). Die Halle hat nur eine Tür und vor der Tür ist eine Fläche von einem Quadratmeter durch einen Zaun eingegrenzt. Für den Gesetzgeber ist dies die „Freilandhaltung".
Puten und Hühner sind derartig verzüchtet, dass sie nicht stehen können und ihre Beine einknicken. Darüber hinaus werden den Hühnern die Schnäbel und den Schweinen die Schwänze abgeschnitten – ohne Betäubung versteht sich.

In der Schweinehaltung herrschen ähnliche Zustände. In großen Hallen sind die Tiere in grotesker Enge zusammengepfercht. Verbreitet ist auch die Methode, Schweine in Kastenständen zu halten. Hier muss ein Schwein sein gesamtes Leben, bis zu seiner grausamen Schlachtung, auf einer Stelle stehenbleiben und kann sich nicht umdrehen oder hinlegen. Im Niedersächsischen Tierschutzgesetz steht beispielsweise, dass einem Schwein im Kastenstand 0,6 qm Fläche zur Verfügung stehen muss. Das fixiert ein 250 kg schweres Tier geradezu auf eine Stelle. Man stelle sich vor, ein Mensch müsse Zeit seines Lebens in einem Wandschrank stehen, ohne die Möglichkeit, sich zu setzen oder zu drehen.

„Ich sah kranke Tiere mit offenen, blutenden Wunden, die sich in den düsteren, fensterlosen Ställen auf den in Schweinemastanlagen üblichen Spaltböden, auf deren Streben sie unnatürlich balancieren müssen, kaum noch auf den Beinen halten konnten. Dazwischen tote Kadaver von Schweinen. Dann das unfassbare: Die Lebenden fraßen die Toten. Andere Tiere sah man mit ihren offenen, teilweise blutenden Wunden an ihren krankhaft deformierten Gelenken verängstigt umherirren. Außerdem hatten die dicht gedrängten Schweine viel zu wenig Platz."

Die Fernsehredakteurin DORIS HENNINGER (*1975) beschreibt das heimlich gefilmte Video eines Tierschützers im Gespräch mit NINA MESSINGER (*12)

Bei Kälbern herrschen ähnliche Zustände. Hier wird die Haltung in einem Polyäthylen-Iglu bevorzugt, die auch wie die Schweine- und Hühnerqualhaltung artgerecht sein soll.

Wer jetzt wieder argumentieren möchte, diese Quälereien, wie auch die im vorherigen Kapitel beschriebenen, können so gar nicht stattfinden, denn das sei gesetzeswidrig, tierschutzgesetzeswidrig, dem sei gesagt: Die Tierschutzgesetze gelten NICHT für das, was von der Industrie „Nutztiere" genannt wird. Genauso gelten sie nicht für Labortiere. Die Tierschutzgesetze gelten einzig und allein für Haustiere, also Katzen, Hunde, Papageien etc. In den Tierschutzgesetzen der Länder existieren für Nutztiere lediglich Richtlinien, die vorschreiben, den Nutztieren den entsprechenden, lächerlich kleinen Platz zu lassen.
Leid und Tod dürfen nicht *„ohne vernünftigen Grund"*, wie es im Niedersächsischen Jagdgesetz und im Bundestierschutzgesetz heißt, zugefügt werden. Jedoch wird die rückwärtsgerichtete

(siehe Kapitel 11), für den Menschen ungesunde und für die Natur zerstörerische Fleischproduktion als vernünftiger Grund angesehen. Und durch diesen fadenscheinigen Grund ist auch das Quälen und Töten der Tiere wieder gesetzlich erlaubt!

Der Lobbyismus wird der Politik immer die Gesetze schreiben. Das ist nicht nur im Finanzmarkt der Fall, sondern auch bei der Fleischproduktion. Einzig der Verbraucher hat die Gewalt, dem ein Ende zu setzen. Wenn Produkte, die auf diese Weise hergestellt wurden, keinen Absatz mehr finden, dann werden sie auch nicht mehr hergestellt werden. Gleichzeitig würde man seine Lebensqualität verbessern und seine Lebenszeit verlängern.

„Nur dann, wenn jeder einzelne seine Einstellung zum Mitgeschöpf überprüft, die Augen nicht aus Bequemlichkeit oder Angst verschließt, sein Herz für die andersartigen Mitgeschöpfe öffnet und Tier- und Verbraucherschutzargumente einbezieht, wird das Ziel, das wir uns gesetzt haben, die staatlich sanktionierte Tierquälerei abzuschaffen, zu erreichen sein – wenn auch nur Schritt für Schritt."

WOLFGANG APEL (*1951),
Vizepräsident des Deutschen Tierschutzbundes (Bonn) (*9)

„Artgerecht ist nur die Freiheit!"

HILAL SEZGIN (*1970),
freie Journalistin, u.a. für «Die Zeit» (*31)

11 Die Folgen der Fleischproduktion für die Umwelt

Das größte Rückwärtsgeschäft der Menschheitsgeschichte

Vorab ein Beispiel: Woher kommt Eiweiß?
Es gibt nur eine Eiweißquelle auf dieser Erde und die ist pflanzlichen Ursprungs. Ebenso wie es nur eine Wasserquelle auf der Welt gibt und diese ist natürlich mineralischen Ursprungs.
Nun könnten wir folgendermaßen vorgehen, um Trinkwasser herzustellen: Wir züchten viele Milliarden Tiere und gestalten ihre Genpools und ihr Wachstum so, dass sie viel wässriges Fleisch ansetzen. Zuvor müssen wir in den Jahren des Wachstums natürlich viele Milliarden Tonnen Wasser zum Tränken in diese Tiere investieren. Nun schlachten wir die erwachsenen Tiere und wenden neu entwickelte Methoden an, um dem Schlachtfleisch das Wasser zu entziehen und Trinkwasser für Menschen daraus zu gewinnen.
Wir beauftragen Universitäten und Wissenschaftler, welche die Nützlichkeit und Qualität der Inhaltsstoffe des sogenannten tierischen Trinkwassers erforschen. Der Fachterminus für diese Methode nennt sich „Drittmitteleinwerbung". Die Ausbeute sei bei riesigem Energieeinsatz zwar sehr gering, dafür verfüge das tierische Trinkwasser jedoch über hochwertigere Mineralstoffe als das normal gewonnene Wasser.
Doch zurück zum Eiweiß und den Tatsachen: Wir erzeugen und verbrauchen unsägliche Mengen pflanzliches Eiweiß, um eine minimale Menge tierischen Eiweißes wieder zu erzeugen. Und

wir setzen dadurch eine gigantische Umweltverschmutzungs- und Nahrungsmittelverknappungsmaschinerie in Gang, um diese sehr viel kleinere Menge tierischen Eiweißes zu erhalten. Eiweiß entsteht auf diesem Planeten immer nur auf pflanzlicher Basis. Das Herstellen tierischen Eiweißes ist ein unnatürlicher Vorgang, sozusagen eine erfundene Methode, um anderes Eiweiß zu gewinnen, als es in der Natur vorkommt. Tierisches Eiweiß könnte ohne das ursprüngliche pflanzliche Eiweiß niemals existieren. Auch dass es hochwertiger sein soll, ist eine Kolportage, der sowohl die Wissenschaftsapologeten als auch die Verbraucher nur allzu gerne gefolgt sind.

Einsatz = 100, Ertrag = 5

Um ein Kilogramm Fleisch zu erzeugen, benötigt man die fünfzigfache Menge an Wasser wie für die entsprechende Menge Weizen. NEWSWEEK hat errechnet, dass ein 500 kg schwerer Ochse dieselbe Wassermenge verbraucht, die durch einen Zerstörer verdrängt wird. Die Energiegewinnung hieraus fällt indes sehr mager aus.

Gerechnet wird in Hektar Land und Kilokalorien. Auf einer gewissen Agrarfläche lässt sich durch Einsatz von Energie aus fossilen Energieträgern eine bestimmte Menge von Energie wieder erzeugen. Das Verhältnis bei verschiedenen Gemüse- und Getreidearten beträgt 1:2,5 bis 1:3. Man kann also durch Einsatz einer Kilokalorie zweieinhalb bis drei Kilokalorien wieder herausbekommen. Das Verhältnis ist moderat und man kann es als nachhaltig bezeichnen.

Will man auf derselben Agrarfläche Rindfleisch aus Mastkoppeln erzeugen, so muss man dreiunddreißig Kilokalorien einsetzen, um nur eine einzige Kilokalorie wieder herauszubekommen! Das Verhältnis beträgt hier also 33:1! Das Erzeugen von Schweinefleisch oder Hühnerfleisch liegt in der Energieeffizienz leicht bis mittelmäßig unter diesem Wert. Jedoch ist der Anbau von Gemüse und Getreide im ungünstigsten Fall mindestens fünfmal energieeffizienter als das Erzeugen von Fleisch auf der gleichen Bodenfläche.

Die Rechnung fällt beim Eiweißeinsatz noch ungünstiger aus. Wir können auf einem Hektar Land proteinreiche Pflanzen anbauen und erwirtschaften so zwischen 300 und 500 kg Eiweiß, das wir essen können. Bei gleichem Energieeinsatz bekommen wir 40 bis 45 kg Eiweiß, wenn wir auf derselben Fläche Futtermittel für Tiere erzeugen und das Fleisch dann essen.

„Man muss 21 kg Eiweiß an ein Kalb verfüttern, um ein einziges kg tierisches Eiweiß für den Menschen zu erhalten. Wir bekommen weniger als fünf Prozent dessen zurück, was wir investiert haben [...]. Die Tierproduktion ist nur durchführbar, weil sie die in Millionen von Jahren angesammelte Sonnenenergie verbraucht, die als Öl und Kohle im Boden abgelagert ist. Wirtschaftlich ist die Tierproduktion für Agrarbetriebe sinnvoll, weil Fleisch mehr wert ist als Erdöl; im Hinblick auf einen langfristigen, vernünftigen Umgang mit begrenzten Ressourcen ergibt sie absolut keinen Sinn."

PETER SINGER (*1946),
Australischer Philosoph und Ethiker,
Autor von «The animal liberation» (*23)

Zerstörung der Lungen unserer Erde

Bei der Fleischproduktion kann also von Nachhaltigkeit keine Rede sein. Zusammen mit der gigantischen Umweltzerstörung, welche durch die Fleischproduktion verursacht wird, macht dieses Missverhältnis die Fleischproduktion zum wohl größten Rückwärtsgeschäft der Welt. Bezieht man die Fischerei mit ein, die eher einem zerstörerischen Raubzug durch die Meere gleicht, wird die Fleischproduktion zum größten Rückwärtsgeschäft der gesamten Menschheitsgeschichte.

Tiere fressen eine viel größere Menge Futter, als ihre Schlachtung Fleisch ergibt. Und von allen Tieren ist das Rind am wenigsten dazu geeignet, pflanzliches Protein in tierisches Protein zu verwandeln. Rindfleisch stellt also die ‚ideale' Verschwendung dar. Ein Kilogramm Rindfleisch entspricht rund 10 Kilogramm Getreide oder Sojabohnen. Die restlichen 9 Kilogramm – also 90 % – sind für den Menschen verloren. Das entsprechende Verhältnis beim Schweinefleisch beträgt rund 1:8, bei Geflügel rund 1:4.

Anders ausgedrückt: Ein einziges Steak von 225 Gramm enthält etwa so viel Pflanzenenergie, wie benötigt wird, um einen Tag lang rund 40 hungernde Menschen ernähren zu können! Wer sich vegetarisch ernährt, reduziert den Nahrungswerteverlust um den Faktor 10.

An diesem Punkt wird auch klar, wodurch die vielen Agrarflächen auf der Erde in rasender Geschwindigkeit zerstört werden. Ein Drittel der eisfreien Landoberfläche unserer Welt wird für die Viehzucht benutzt. Das Abholzen oder Brandroden der Regenwälder, also die Zerstörung der Lungen unserer Erde, ist eine

direkte Folge der Nutztierhaltung. Die durch Futtermittelerzeugung zerstörten Anbauflächen werden so ersetzt.
In Deutschland wird bereits die Hälfte der 12 Millionen Hektar Agrarfläche für die Fleischproduktion verwendet. Allerdings ist das viel zu wenig für den hohen Fleischkonsum in unserem Land. Daher werden ausländische Flächen dazugekauft. MARTIN HÄUSLING, Grünen-Abgeordneter der EU, nennt diese Übergriffe „Landgrabbing". Spätestens im Jahre 2050 werden die Agrarflächen der Erde für die hohe Fleischnachfrage nicht mehr ausreichen. Dann wird durch die vielen Milliarden Nutztiere so viel Anbauland zerstört sein, dass die weitere Ernährung der Menschheit nicht mehr sichergestellt werden kann. Der CO^2-Ausstoß wird dann epochale Ausmaße angenommen haben. Jedoch wird kein Regenwald mehr da sein, um das CO^2 zu binden.

Lieber Fische essen?

Auch der Verzehr von Fischen stellt keine Alternative dar. Bei der räuberischen Schleppnetzfischerei wird der Meeresboden systematisch zerstört. Überdies werden nur die Fische genutzt, die beim Verbraucher gerade begehrt sind. Das bedeutet, dass alles, was sonst noch ins Netz geht (der sogenannte Beifang) tot wieder über Bord geworfen wird. Der Beifang beträgt üblicherweise über 80 %, bei manchen Fischarten sogar 98 %.
Bei der Langleinenfischerei ist die Quote gemeinhin gleich. Schließlich hat man kaum einen Einfluss darauf, welche Fische anbeißen – auch dann nicht, wenn man speziell an die jeweilige Art angepasste Köder nutzt.

Auch die Fischzucht ist keine Lösung. Die sogenannten Aquakulturen gleichen den Fleischbetrieben an Land wie ein Ei dem anderen. In riesigen Käfigen werden zum Beispiel Lachse gehalten. Die Tiere werden, wie Schweine, in grotesker Enge zusammengepfercht. Das Wasser ist so schmutzig, dass den Tieren die Augen bluten. Es ist so trübe, dass sie niemals etwas, auch nicht nur das Geringste, sehen können.

Für all diese Gräuel kann auch hier das Argument der Nachhaltigkeit nicht als Rechtfertigung herangezogen werden. Denn Fische werden mit Fischen gefüttert, die natürlich auch wieder durch Raubzüge gefangen werden müssen. Zum Beispiel benötigt man 4 kg Wildfisch, um ein kg Lachs herzustellen. Und Fische empfinden die gleichen Schmerzen wie Hühner, Schweine oder Kühe. Sie können bloß nicht vor Schmerzen schreien.

12 Geschmack ist austauschbar

Von der Gehirnwäsche, Fleisch würde besser schmecken

Ich stoße immer wieder auf das Argument des leckeren Fleischgeschmacks. Zugegeben, es schmeckt! Jedoch kann das doch kein Argument dafür sein, es auch essen zu dürfen. Eine kulinarische Vorliebe gibt uns nicht das Recht, all diese Verbrechen zu begehen. Denn der Fleischverzehr ist nichts anderes als ein Spaßfaktor. Keiner braucht Fleisch, um überleben oder funktionieren zu können. Und in einem Land wie Deutschland steht uns eine schier unerschöpfliche Auswahl anderer Nahrungsmittel zur Verfügung. Wer auf den Geschmack des Fleisches nicht verzichten will, der handelt ebenso wie jemand, der auf Raub oder Diebstahl nicht verzichten will. Hierbei wird sich auch auf Kosten anderer etwas unredlich angeeignet. Das Prinzip ist das gleiche. Dass Raub und Diebstahl jedoch gesetzlich verboten, Fleisch zu essen aber erlaubt ist, ist kein Ausweg!

Ich möchte einmal ein sehr krasses Beispiel geben: Es könnte ja auch durchaus sein, dass Menschenfleisch sehr gut schmeckt. Allein diese Tatsache müsste dann auch als Argument gelten, Menschenfleisch essen zu dürfen. Das moralische Hemmnis könnten wir sehr schnell ausschalten. Zum Beispiel könnte man die notleidende Bevölkerung überreden, gegen ein großzügiges Entgelt entbehrliche Körperteile zu verkaufen. Die könnten als hochspezielle Delikatessen für Gutbetuchte angeboten werden.

Oder aber wir züchten uns eine spezielle Menschenrasse zum Schlachten. Diese Menschen wären nicht intelligent, zumindest würden wir sie nichts lehren. Sie könnten nicht sprechen, hätten

keine sozialen Kontakte und keine ausgeprägten kognitiven Fähigkeiten. Sie würden, wie das Mastvieh, ihr kurzes Leben in einer isolierten Box verbringen und bis zu ihrer Schlachtung nur essen und schlafen.
Ich weiß, das wäre grausam. Wenn´s doch aber schmeckt?!

Dir schmeckt, was du willst!

Geschmack ist in erster Linie eine Erziehungs- und Gewöhnungsfrage. In fast jeder Kultur gibt es Gerichte, die Mitglieder anderer Nationen nicht hinunterbekommen – und das bei identischen Organismusvoraussetzungen. Geschmack ist also ein Kulturgut und kann demzufolge auch kultiviert werden.
Es wird irgendwann einmal die Zeit kommen, in der die Menschheit kein Fleisch mehr essen wird. Da die Nachhaltigkeit bei der Fleischproduktion nicht gegeben ist und die Fleischproduktion nicht aufrechterhalten werden kann, ist das so gut wie sicher. Die Menschen der Zukunft werden dann ohne Fleischprodukte aufwachsen. Sie werden aufwachsen, ohne den Fleischgeschmack kennenzulernen. Diese Zukunftsmenschen werden ihre Geschichtsbücher aufschlagen und mit Grausen verfolgen, wie ihre Vorfahren so etwas Zerstörerisches und Ekeliges wie Fleisch essen konnten. Der Geschmack dieser Menschen wird ausgetauscht sein, so wie der Geschmack vieler heutiger Menschen, die auf Fleisch bereits verzichten.
Den von Fleischessern gerne heraufbeschworenen Naturzustand, dass Fleisch für den Menschen am besten schmeckt, gibt es nicht. Es ist kein geschmacklicher Sachzwang, Fleisch zu essen,

sondern reine Gehirnwäsche, ausgelöst durch unhinterfragt übernommene Ernährungsgewohnheiten und begünstigt durch Werbung und den Industrieeinfluss in der Wissenschaft.
Erkennbar ist das auch daran, dass wir beim Geschmack einer Diktion unterliegen. Wie bei Cola, deren unnatürlich süßer Geschmack, deren unnatürlich schwarze Farbe und deren merkwürdig einzigartige Geschmacksnuance dem Publikum erst durch Werbung und Überzeugungsarbeit als Bedarf geweckt werden musste, unterliegen wir auch beim unverzichtbaren Fleischgeschmack der Lobbyarbeit der Fleischindustrie, die noch nie in der Weltgeschichte derartig viel Fleisch produziert hat wie heute, und die gigantischen Fleischberge nun auch absetzen muss.

Dass Fleisch auch nicht unbedingt schmecken muss, können wir an vielen Anzeichen erkennen. Zum Beispiel muss der Appetit bei offerierten Fleischspeisen meist durch Gemüsebeilagen angeregt werden. Buffets und Speisetafeln werden mit Salat und Obst garniert, weil reine Schlachtplatten oder Bulettenstapel schon sehr unappetitlich aussehen.

Um den Fleischgeschmack überhaupt erst positiv darzustellen, wird oft zu einer Schwerpunktverlagerung beim Argumentieren gegriffen. Zum Beispiel liegt der Grund für einen Geschmacksverlust bei veganem Essen nicht an der Auswahl der Zutaten, sondern an der Ernährungsweise an sich. Schmeckt ein Fleischgericht nicht, dann sind immer die Zubereitung oder die Kombinationen Schuld. Auf die Ernährungsweise, diesmal mit Fleisch, wird der Misserfolg nicht zurückgeführt.
Um Fleischgeschmack zu rechtfertigen, wird also der Grundkonsens verschoben. Wie bei der Krebsbehandlung mit alterna-

tiven Heilmethoden, bei der im Falle eines Misserfolges die Schuld bei der Behandlungsmethode gesucht wird. Bleibt eine Behandlung mithilfe der Schulmedizin erfolglos, so war der Krebs eben bereits zu weit fortgeschritten.
Wir sehen das auch bei der Argumentation der Fleischesser bei der Ursachensuche unserer alltäglichen kleinen Leiden. Da wird ein jedes kleine Wehwehchen eines Vegetariers auf seine Ernährungsweise zurückgeführt. Die meist sehr viel ausgeprägteren Krankheiten der Fleischesser haben jedoch nichts mit der Ernährungsweise an sich zu tun.

Geschmack ist wie ein Gemälde. Der vegetarische, natürliche, nuancierte Geschmack ist wie ein komplexes, hoch anspruchsvolles Bild eines intelligenten Künstlers, der mit feinen Pinseln, Perspektiven und unendlichen Farbabstufungen arbeitet. Der Geschmack von Fleischprodukten ist wie eine Wand, die ein Baumaler mit Rolle und Farbeimer mit einer grellen, alles andere überdeckenden Farbschicht zugekleistert hat.

Die Wahrheit ist, dass wir die Geschmackskultur auch verändern können. In unserer McDonalds- und Junk-Food-Gesellschaft haben wir den Geschmack des Fetts und des alles dominierenden, alles überdeckenden Kleisters zum höchsten Genuss erhoben. Nur die schwere und träge Völlerei soll Befriedigung geben. Der leichte, vielfältige und leistungsfähige Genuss wird als unbefriedigend dargestellt.
Fleisch und Fett verursachen Trägheit, Krankheit und Tod. Obst und Gemüse verursachen Dynamik, Gesundheit und Leben! Welche Lebensqualität kann mir der Kleistergeschmack des Fleisches schon geben?

Vielleicht sind Vegetarier schon jetzt die einzigen, die noch mit Appetit essen können – weil sie bewusst essen. Der typische Vegetarier wird von NICOLAS BÜCHSE («Der Stern«) und KUNO KRUSE («Der Spiegel«, «Die Zeit«) als urban, gebildet und problembewusst beschrieben.

«Die Zeit« hat den Vegetarismus, einst Ernährungsprinzip von Sonderlingen, zum Lifestyle-Trend der Intelligenz umdeklariert. (FAZ-online, 16.01.11, «Ein Ruck durchs Leben«) (*24)

13 Was Vegetarier erreichen

Fleischverzicht wirkt sofort!

Oft treffe ich auf das Argument, als einzelner Fleischverzichter könne man ohnehin nichts erreichen. Doch im Gegensatz zu der Gegnerschaft der Atomenergie oder einer anderen politikabhängigen Entscheidung kann man sogar sehr viel erreichen!
Als Atomgegner ist man abhängig davon, einen Vertreter zu wählen, der verspricht, etwas zu ändern. Dann muss man auf den Wahltag warten und hoffen, dass der Vertreter gewinnt. Gewinnt er tatsächlich, so muss man nun darauf hoffen, dass er auch wirklich etwas verändert. Tut er es nicht, so hat man seine Stimme verschenkt und es ändert sich überhaupt nichts.

Beim Fleischverzehr wirkt sich die Einflussnahme anders aus. Verzichtet man auf den Fleischkonsum, so hat das eine sofortige, positive Auswirkung! Die Umwelt wird nämlich sofort, ohne Warte- oder Entscheidungszeit, um diesen kleinen Teil erhalten. Das Leiden der Tiere wird sofort um diesen kleinen Faktor geringer. Hier greift die alte Ausrede, der Einzelne könne nichts erreichen, nicht.
Wir alle haben es mit unserer täglichen Kaufentscheidung in der Hand. Wir können die Welt sofort verbessern, das Tierleiden sofort beenden, die Umweltzerstörung sofort stoppen, die Klimakatastrophe sofort aufhalten, die Hungersnot sofort lindern! Das sind alles sinnvolle Maßnahmen mit einer messbaren Wirkung, auch wenn wir im Einzelnen nur einen Teilerfolg erreichen können. Doch dieser Teilerfolg ist besser als nichts. Er ist sogar ganz entscheidend, denn ohne kleine Teilerfolge wäre der Enderfolg kaum erreichbar.

„*Vielleicht kann jeder nur das Leid verhindern, für das er selber verantwortlich ist*", hat KAREN DUVE (*4) einmal gesagt. Fleischesser entscheiden sich jeden Tag, zu jeder Mahlzeit, immer wieder neu für das Maß an Leid und Zerstörung, das sie zufügen können. Doch je mehr Menschen auf Fleisch verzichten, umso weniger Leid und Zerstörung gibt es. Deshalb gilt: Ob nun alle mitmachen oder nur einige: Der Einzelne kann in beiden Fällen nur die Schäden verhindern, die er selber verursachen würde. Es ist also doppelt sinnlos, zu warten, bis sich mehr Leute angeschlossen haben. Denn der Wirkungsanteil des Einzelnen bleibt immer gleich!

„*Wer immer unseren Planeten retten will, braucht nur mit dem Fleischessen aufzuhören. Das ist die allerwichtigste Maßnahme, die man dafür treffen kann. Es ist umwerfend, wenn man darüber nachdenkt: Der Vegetarismus stellt für so vieles eine sofortige Lösung dar: Umwelt, Hungersnot, Grausamkeit.*"

PAUL MCCARTNEY (*1942), britischer Musiker und Gründungsmitglied der legendären Beatles (*20)

Da sind andere Dinge wichtiger

Würde man diesem Argument verschiedener Fleischesser folgen, dann hätte das Auswirkungen auf sehr viele Bereiche unseres Lebens. Zum Beispiel dürfte sich die Justiz nur noch um Mordfälle kümmern und müsste die Bearbeitung aller niedrigeren Belange ablehnen, solange noch nicht alle Tötungsdelikte aufgeklärt wären. Ebenso dürften sich Mediziner nur noch um tödliche Krankheiten kümmern und müssten bis zu deren Ausmerzung die Behandlung von Knochenbrüchen, Grippe und schwangeren Frauen ablehnen.

Es ist unbestritten, dass es wichtigere Probleme gibt, und ebenso unbestritten ist das Lösen dieser Probleme dringlich. Jedoch müssen hierfür zuerst einige Voraussetzungen geschaffen werden, auf die nicht jeder Einfluss hat. Den Fleischverzehr jedoch kann jeder problemlos und sofort aufgeben. Hier steht es jedem frei, gleich etwas zu erreichen. Das Verhindern der Grausamkeit und der ökologischen Zerstörung ist die einzige Initiative, die nicht durch andere Instanzen gehemmt wird. Keine Gesetzesänderung ist nötig, keine Voraussetzungen müssen geschaffen werden. Mit anderen Worten, es muss auf nichts gewartet werden, um die Welt sofort zu verbessern.

Denn das Zweitwichtigste so lange zu unterlassen, bis das Wichtigste erledigt ist, wäre das Ende aller Kultur. So hat der deutsche Philosoph ROBERT SPAEMANN einmal gesagt (*32).

„Wer sich nicht der Mühe unterzieht, die wirkliche Situation der Tiere, d. h. die diesbezüglich relevanten Fakten, kennenzulernen, der kann überhaupt nicht beurteilen, ob es sich hier um weniger wichtige Probleme als bei Menschen handelt."

PETER SINGER (*23)

Ein Fanal

Die Signalwirkung, die Vegetarismus ausübt, ist nicht zu unterschätzen.

Als seinerzeit die Aktivisten über die Sklavenhaltung aufgeklärt und diese abgelehnt hatten, war es für sie natürlich selbstverständlich, selber keine Sklaven zu halten. Sie machten fortan all ihre Arbeiten allein oder bezahlten Arbeitskräfte. Denn ein Hauptargument der Sklavenhalter war die Befürchtung, dass niemand mehr die anstehenden Arbeiten erledigen würde, würde die Sklaverei abgeschafft werden. Doch durch das Vorbild der Gegner der Sklavenhaltung wurde ein Fanal gesetzt, den jeder Überzeugte nachahmen konnte.

Ein solches Leuchtturmprojekt ist wichtig für eine Überzeugungsbewegung, da sie dem Einzelnen Rückhalt gibt und das jeweilige Thema in den Fokus der Öffentlichkeit rückt. Denn der Grund für den Fleischkonsum ist meiner Meinung nach in der mangelnden Aufklärung über die gesundheitlichen und ökonomischen Folgen zu suchen.

Wahrnehmungsstörung

In Bezug auf Fleisch unterliegen wir einer Wahrnehmungsstörung. Wir werden bereits von Geburt an zum Fleischverzehr erzogen. Der Mensch ist praktisch nicht in der Lage, sich bewusst für oder gegen den Fleischverzehr zu entscheiden. Wir bekommen den Fleischverzehr sozusagen gegen unseren Willen angewöhnt, da unsere Eltern aus gesellschaftlichen Gründen, und nicht etwa aus Ernährungsgründen, auf Fleisch als Nahrungsmittel wie selbstverständlich zurückgreifen – denn Fleisch ist „etwas Richtiges", nur Obst, Salat und Gemüse hingegen nicht.

Es ist oft zu beobachten, dass sechs Monate alte oder einjährige Babys die Fleischnahrung, die sie von den Eltern gefüttert bekommen, ablehnen und wieder ausspucken. So schnell geben

Eltern dann allerdings nicht auf, wenn der geliebte Nachwuchs das ‚gute' Fleisch nicht essen will. Es wird so lange weiter gefüttert, bis im Baby eine frühkindliche Prägung erzeugt worden ist und es Fleischnahrung langsam, aber sicher als geschmackspositiv empfindet.

Wenn wir dann im höheren Alter erst zu Bewusstsein kommen, dann ist es bereits zu spät. Wir sind auf Fleisch als völlig unbedenkliches, schmackhaftes, ja sogar notwendiges Nahrungsmitte konditioniert worden, ohne dass wir die vielen Bedenken, die mit dem Fleischverzehr zusammenhängen, je berücksichtigen konnten. Durch die Präsentation des Gutes Fleisch durch die herstellende und vertreibende Branche nehmen wir, und auch ich bilde da keine Ausnahme, Fleisch zudem immer wieder wie eine Menge oder eine Masse wahr, die abgebaut oder gefördert wird. Die Fleischindustrie tut alles Erdenkliche, um diese Fehlwahrnehmung zu fördern. Ein formvollendet verpacktes Schnitzel oder Frikadellen werden vom Verbraucher nicht mehr mit einem Lebewesen in Verbindung gebracht.

Fleisch wird vom Konsumenten wie Salz, Mehl oder Äpfel wahrgenommen. Schon die Bezeichnung ist irreführend. Der Begriff bezeichnet eigentlich das Muskelgewebe eines Tieres oder Menschen. Die Teile, die wir im Supermarkt kaufen können, sind nicht einfach Fleisch und auch nicht „das" Fleisch. Es sind Stücke eines toten Lebewesens, Stücke aus seinem Bein, Bauch, Rücken. Bei Äpfeln verfallen wir nicht auf eine Wahrnehmung als Einheitsmasse. Äpfel werden korrekt als Stücke, ehemals Teile eines Baumes gesehen.

Auch bei der empfundenen Ursache von Krankheiten wird deutlich, wie stark unsere Wahrnehmung im Hinblick auf Fleisch gestört ist. Ich selbst habe beispielsweise erlebt, dass gesundheitliche Beschwerden, die nach meiner Umstellung zum Vegetarier auftraten, von Fleischessern als Folge meiner Umstellung gewertet wurden. Dass diese Beschwerden trotz und nicht wegen meines Vegetarismus auftraten, wurde weitestgehend ignoriert. Umgekehrt wäre ein solcher Fall nicht möglich gewesen. Man stelle sich vor, ich wäre von Geburt an Vegetarier gewesen und hätte später begonnen, Fleisch zu essen. Kein Fleischesser hätte daraufhin auftretende gesundheitliche Beschwerden mit dem neuerlichen Fleischkonsum in Verbindung gebracht.

Ein weiteres Beispiel für die Wahrnehmungsstörung ist die Tierliebe vieler Fleischesser. Es ist scheinbar problemlos möglich, für zwei bewusstseinsgleiche Tiere einmal Zuneigung (Haustiere) und einmal Gleichgültigkeit (Nutztiere) zu empfinden.
„Eine Frau betrat eine Tierhandlung, um Vogelfutter zu kaufen, und da es Winter war, trug sie ihren Kaninchenfellmantel. Als sie an einem Kaninchenkäfig stehen blieb, um ein paar Zwergkaninchen zu streicheln, hörte sie hinter sich eine Frauenstimme, die sehr laut sagte: ‚Finden sie es nicht heuchlerisch, dieses Tier zu streicheln, wenn sie dabei seine ganze Familie am Leib tragen?' In diesem Zwiespalt leben die fleischessenden Tierfreunde. Einerseits liebt man die Tiere, erfreut sich an ihnen, und andererseits ist man durch den Fleischkonsum Auftraggeber für ihre Tötung."
(Quelle: HARE-KRISHNA-PORTAL DEUTSCHLAND)

In dieselbe Kerbe schlägt RICHARD DAVID PRECHT, der in seiner TV-Sendung «Precht» (*25) am 09.12.2012 ROBERT SPAEMANN folgende Geschichte erzählte:

Ein Fleischesser passiert täglich, auf dem Weg zur Arbeit etwa, eine Weide. Auf dieser Weide grast friedlich ein Rind. Tag für Tag begegnet der Fleischesser diesem Tier. Nun möchte er einen Rinderbraten essen. Das Rind wird betäubt, ein Bein wird amputiert, die Wunde wird wieder zugenäht und das Rind erholt sich langsam. In Kürze wieder gesundet, doch von nun an schwer behindert, grast es wieder friedlich auf der Weide am Arbeitsweg des Fleischessers. Jeden Tag sieht der Fleischesser nun das verstümmelte Tier auf drei Beinen grasen. Würde er den Braten aus dem Bein des Tieres essen? Würdest Du diesen Rinderbraten essen?

Erst wenn uns das Leid des Tieres vor Augen geführt wird, vergeht uns der Appetit. Doch im Supermarkt kaufen wir täglich wie selbstverständlich Fleischprodukte. Fleisch, das den Tieren viel grausamer und qualvoller entrissen wurde als in R. D. PRECHTs Anekdote.

Es gibt eine alte Phrase, die besagt: Wenn jeder das Tier, das er essen möchte, selber töten müsste, dann gäbe es auf der Welt nur noch Pflanzenesser. Denn der Fleischesser wäre zur Übernahme der Verantwortung für sein Verhalten gezwungen und könnte die Verantwortung nicht mehr abschieben oder leugnen.

LEW TOLSTOI setzte seinen Gästen einmal lebende Hühner als Speise vor, dazu bekam jeder ein Schlachtermesser. Denn seine Gäste hatten sich bei einem früheren Anlass darüber beschwert, dass es beim Vegetarier Tolstoi kein Fleisch zur Festmahlzeit gegeben hatte. Jedoch nahm keiner Tolstois Angebot wahr und tötete sein Huhn selbst. Alle aßen vegetarisch.

14 Widerstand durch Aufklärungsverweigerung

„Für eine verantwortliche öffentliche Güterabwägung ist es Voraussetzung, dass die zur Abwägung anstehenden Güter erst einmal zur Kenntnis genommen werden. Da das Leiden der Tiere jedoch sorgfältig vor uns verborgen wird, ist die übliche Geheimhaltung auf diesem Gebiet ein Zeichen dafür, dass eine verantwortliche Güterabwägung gerade nicht stattfinden soll!"
ROBERT SPAEMANN (*1927),
deutscher Philosoph (*33)

Fakten ignorieren

Die Fleischindustrie gibt ihr Bestes, um einen öffentlichen Diskurs über ihre Methoden zu unterbinden. Sie tritt damit offene Türen ein, denn die meisten Fleischesser verweigern schon von sich aus jegliche Aufklärung – selbst zu den gesundheitlichen und ökonomischen Folgen, die sie direkt betreffen.
Fleischesser scheinen sich von diesen Themen geradezu bedroht zu fühlen. Filme, die über die Fleischproduktion gedreht worden sind, wollen sie nicht sehen. Argumente, die gegen den Fleischkonsum sprechen, wollen sie nicht hören. Und Bücher, die wirklich erschöpfend alle Auswirkungen des Fleischkonsums behandeln, wollen sie nicht lesen. Hier ist oft spürbar, dass der Fleischesser die Argumente der Gegenseite bereits klammheimlich akzeptiert. Er verweigert die Aufklärung, weil ihm schon lange schwant, dass es ein großer Fehler ist, Fleisch zu essen. Er

will aber keine Details hören, damit er sein Verhalten, von dem er bereits weiß, dass es falsch ist, nicht ändern muss. Große Logiker werden zu ignoranten und infantilen Trotzköpfen und verlieren zum Thema Fleischverzehr jegliche objektive Vernunft. Doch leider ist es nur durch wirklich tiefe und umfassende Informationen möglich, ein Thema zu beurteilen. Fleischesser versuchen permanent, ein Thema zu beurteilen, über das sie so gut wie keine Kenntnisse besitzen.

„Wenn es um Lebensmittel geht, dann wollen wir doch aus gutem Grund gar nicht wissen, wie die hergestellt werden. Weil es nämlich Folgen für unser Tun haben würde. Wir wissen im Grunde, was falsch ist, aber wir verweigern konsequent das Denken. Wenn wir uns dagegen der Tatsache stellen würden, dass für unseren Genuss Tiere gequält werden, dann gäbe es diesen öffentlichkeitsfernen Raum nicht, in dem die Massentierhalter tun und lassen können, was sie wollen."

KAREN DUVE,
«Die Fleischindustrie zerstört diesen Planeten»,
Süddeutsche Zeitung online,
28. Januar 2011 (*26)

Ein kontroverses Thema kann man nur durchdringen, wenn man sich über dieses Thema in seiner Ganzheit informiert – also inklusive Ursachen, Nutzen und Auswirkungen. Bei jedem anderen Thema stimmen Fleischesser dieser Vorgehensweise zu.

Muss ich nicht wissen!

Leider sind Fleischesser beim Thema Fleischverzehr oft der Meinung, von diesem Thema nichts wissen zu müssen. Der Fleischesser sieht es als eine Art Naturrecht an, über die Vorgänge und Auswirkungen bei der Produktion des Objektes seiner Begierde nichts wissen zu müssen.
Doch gerade als Fleischesser kann man dem Thema Fleischverzehr nicht neutral gegenüberstehen, da man selbst durch seinen Konsum den Konflikt erst auslöst. Mit anderen Worten: Als Fleischesser ist man beim Thema Fleischkonsum immer involviert. Man ist verstrickt in Herstellung, Aufzucht, Schlachtung und Verteilung und in die Auswirkungen der Vorgänge. Denn der Fleischesser ist die Ursache all dessen. Die Behauptung, man hätte als Fleischesser das Recht, die Aufklärung über die Auswirkungen seines Handelns zu verweigern, kommt dem Waffenhändler gleich, welcher einem Terroristen Waffen besorgt und dann nicht gewusst haben will, wozu dieser sie benutzt.
Oder man stelle sich einen Kindesmissbrauch vor und einen Täter, der von den Auswirkungen seiner Taten keine Ahnung hat. Dürfte der auch die Aufklärung darüber verweigern, um seiner Vorliebe weiter nachgehen zu können? Man stelle sich einen Industriellen vor, der Kinder in seiner Fabrik arbeiten lässt. Darf dieser dieses Unrecht weiter betreiben mit dem Hinweis darauf, von den schrecklichen Auswirkungen für die Kinder nichts wissen zu wollen?

Verdirb mir den Appetit nicht!

Bisweilen begegnet mir das Argument: „Ich möchte mir den Appetit nicht verderben lassen!" Das Fleisch würde dem Fleischesser nicht mehr schmecken, würde er die Aufklärung darüber zulassen. Von manchen wird dies ernsthaft als probates Mittel angesehen, sich aus der Verantwortung zu stehlen. Jedoch ist unser Appetit ein untergeordnetes Interesse. Wie oben schon beschrieben kann unser Appetit nicht über allem stehen. Er kann nicht Menschenrechte aufheben oder Tierrechte, Umweltschutz und Aufklärung gleichermaßen außer Kraft setzen.

Wenn ich keine Verantwortung für mein Handeln übernehme bzw. das Vorhandensein dieser Verantwortung permanent leugne, dann muss ich auch mein Verhalten nicht ändern – diese Einstellung ist im positivsten Fall fragwürdig zu nennen. Hier drängt sich mir immer der Vergleich mit BERTHOLD BRECHTS Drama «Das Leben des Galilei» auf:

Als Galileo Galilei seinen Florenzer Kollegen die Beweise präsentieren wollte, dass sich die Planeten um die Sonne drehen und nicht etwa die Sonne um die Erde, da weigerten sich diese, durch sein Fernrohr zu sehen. Sie verhinderten damit ihre Aufklärung, um ihr Weltbild nicht ändern zu müssen.

Von BRECHT stammt übrigens auch der Ausspruch: *„Zuerst kommt das Fressen und dann erst die Moral."*

„Die Frage, ob es rechtens ist, Tiere zu essen, wird meistens bei einem Rinderbraten entschieden."
JOHANN AUGUST UNZER (1727 – 1799),
deutscher Arzt und Psychologe (*25)

Das kann man nicht vergleichen

Ich habe im bisherigen Text einige Vergleiche herangezogen, um die Schädlichkeit des Fleischverzehrs an Beispielen anderer Bereiche zu zeigen. Natürlich geht es in diesen Vergleichen immer um Dinge, die den Fleischkonsum nicht direkt betreffen. Diese Tatsache verwenden Fleischesser gern als Vorwand, um die Vergleichbarkeit per se abzulehnen. Differenziertere Begründungen werden hingegen nicht geliefert: Allein auf der Ablehnung der Vergleiche wird bestanden.
Der Grund dafür ist einfach: Die Vergleiche sind absolut probat und zulässig. Sie können vom Fleischesser nur nicht widerlegt werden.
Beispiel der Sklavenhaltung und Vergleich der Belastungsniveaus:
Sklave ==> Mensch ==> Verletzung der Persönlichkeitsrechte
Schlachttier ==> kein Mensch ==> Tod

Natürlich ist ein Sklave ein Mensch und somit ein höheres und schätzenswerteres Lebewesen als ein Tier. Jedoch wird der Sklave im Normalfall auch nicht getötet. Ihm werden ‚lediglich' seine Rechte und seine Würde genommen. Das geschieht bei einem Schlachttier auch, doch am Ende steht zusätzlich der Tod des Tieres. Die Vergleichbarkeit ist somit gegeben.

Infantile Argumente

Ich habe bisher noch keinen Fleischesser getroffen, der auch nur einem der bisher angeführten Argumente standhalten oder es widerlegen konnte. Sie fühlen sich in ihrem Verhalten nur deshalb bestätigt, weil es so viele andere Fleischesser gibt, die auch jegliche Verantwortung und Aufklärung verweigern. In der Psychologie nennt man das ein veritables Massenerlebnis. Der Mensch fühlt sich im Einverständnis mit der Welt, wenn er tut, was alle tun. Möge es noch so falsch sein.
Tatsächlich legen die meisten Fleischesser eine sehr merkwürdige Argumentation an den Tag. Das reicht von unverhohlener kognitiver Dissonanz, also dem Anpassen der Überzeugung an das Verhalten (nicht etwa umgekehrt, wie es die Regel ist) bis hin zum Argumentieren mit Lächerlichem. Zum Beispiel: „Ich bin auch Vegetarier! Zwischen den Mahlzeiten esse ich auch kein Fleisch!" Oder: „Ihr Vegetarier esst ja auch immer Fleisch! Nämlich Fruchtfleisch!" Oder: „Ich kann nichts dafür. Die Tiere waren ja schon tot, als ich sie gekauft habe!"
Auch das Leugnen der zerstörerischen Vorgänge in der Fleischproduktion mit einem einfachen „Das kann gar nicht sein" oder „Das kann ich mir nicht vorstellen" ist beliebt, denn es handelt sich um Sätze, die grundsätzlich diskussionsabschließend gebraucht werden (danach will man dann meistens „nichts mehr hören"). Zudem scheinen diese Phrasen alle Recherchen, Fakten sowie die Evidenz dieser Fakten in den Augen des Fleischessers außer Kraft zu setzen.

Das Myers-Syndrom

Eine weitere beliebte Verhaltensweise bei Fleischessern möchte ich in Anlehnung an B. R. MYERS das *Myers-Syndrom* (s. u.) nennen. Das *Myers-Syndrom* entsteht, wenn das Verhalten aus der kognitiven Dissonanz die Situation nicht auflösen kann. Es führt zwar in ein Paradoxon, aus dem sich der Fleischesser nicht befreien kann, jedoch bleibt es die einzige Möglichkeit, seine Haltung zu untermauern. Es ist vergleichbar mit dem von Dr. BROCK BASTIAN (Universität Queensland) beschriebenen *Fleisch-Paradoxon*, bei dem der Fleischesser zur inneren Rechtfertigung zwischen Steak und Tier trennt.

Das *Myers-Syndrom* ist ähnlich, doch noch komplexer, da der Fleischesser eine Überzeugung finden muss, die er nach außen tragen kann. Allerdings handelt es sich hier in Wirklichkeit leider um eine schiere Verleumdung der vom Fleischesser ausgelösten Grausamkeiten und der Zerstörung. JONATHAN SAFRAN FOER beschreibt das Syndrom in seinem Buch «Tiere essen» (*5) so:

B.R. MYERS, Rezensent des Bestsellers «The Omnivore´s Dilemma» von MICHAEL POLLAND erklärt die Technik:
„Die Technik funktioniert wie folgt: Man vertritt die gegensätzliche Ansicht, bis man sich in eine Ecke manövriert hat. Dann lässt man das Thema einfach fallen und verdrückt sich, wobei man vorgibt, nicht etwa mit der eigenen Vernunft am Ende zu sein, sondern die Vernunft überwunden zu haben. Dass man die eigene Überzeugung nicht mit Vernunftgründen in Einklang bringen kann, wird dann als großes Geheimnis verklärt. Die Bereitschaft, mit diesem Unbegreifbaren zu leben und weiter Fleisch zu essen, erhebt einen dann über die niederen (vegetarischen) Geister und ihre billigen Gewissheiten."

J.S. FOER (*5) fügt hinzu:
"Das Spiel hat noch eine weitere Regel: Man darf nie, wirklich niemals zugeben, dass man praktisch die ganze Zeit die freie Wahl hat zwischen Grausamkeit und ökologischer Zerstörung auf der einen Seite und der Entscheidung, keine Tiere mehr zu essen, auf der anderen."

Bei diesem Verhalten zeigt sich bereits die Erkenntnis der Fleischesser, zumindest die Ahnung, einen schweren Fehler zu begehen. Sie versuchen, sich gegen den Vegetarismus zu schützen, indem sie alle Argumente verdrängen. Diese Haltung hilft, sich nicht mit dem eigenen Gewissen auseinandersetzen zu müssen. Sie bestärkt den Fleischesser in seiner Meinung, dass im Grunde der Vegetarier das Problem ist. Der Aufklärer muss zum Problem erklärt werden, damit der Fleischesser bei seiner Meinung bleiben kann.

An diesem Punkt greifen Fleischesser oft zu einer Standardlösung: einfach alles nicht glauben. Skeptisch gucken, Kopf schütteln und „das kann gar nicht sein" stammeln. Dann genervt werden, „lass mich damit in Ruhe" fordern und die weitere Kenntnisnahme aller Fakten verweigern. Und wieder den Vegetarier zum Problem machen.

Jedoch verursachen nicht die Vegetarier die Probleme, sondern die Fleischesser. Genau wie nicht die Nichtraucher das Problem sind, sondern die Raucher. Nicht die Gebildeten sind das Problem, sondern die Ungebildeten.

Jeder Fleischesser muss sich überlegen, wie lange er noch die Argumente der Vegetarier ignorieren will.

"Sobald es aber um die entscheidende Frage geht, nämlich um die Frage nach dem Warum des ganzen Unternehmens Fleisch-

essen, hat die Bereitschaft zum Zuhören und Nachdenken mit einem Schlag ein Ende. Da hören der Spaß und jegliche Offenheit endgültig auf. Hier verläuft die Grenze zum absoluten Tabu. Dies ist der unüberwindbare Todesstreifen: Wer ihn zu überschreiten versucht, wird mit totalem Totschweigen bestraft. [...] Der Fleischesser kann den Gedanken, mit der Gewohnheit brechen zu müssen, psychisch nicht ertragen. Und da hier nicht irgendeine abstrakte Entscheidung ansteht, die irgendwo und irgendwann einmal getroffen werden muss, geraten die Menschen in Panik: In spätestens einigen Stunden, bei der nächsten Mahlzeit, würde sich das Problem in aller Schärfe und Unerträglichkeit, mit dem Zwang, sich zu entscheiden, stellen. Und deshalb werden alle zur Verfügung stehenden Abwehrmechanismen mobilisiert, um es nicht so weit kommen zu lassen, um die grausigen und erdrückenden Fakten nicht an sich heran zu lassen. Folgerichtig wird der, der diese Fakten ausspricht, die personifizierte Ursache der gefürchteten Konfrontation mit der Realität, boykottiert, ignoriert, totgeschwiegen."

HELMUT F. KAPLAN, «Leichenschmaus« (*9)

Fleischesser in der Überzahl

Wie wir heute wissen, ist die gigantische Fleischproduktion der Hauptverursacher des Klimawandels und in weiten Teilen auch für den Welthunger verantwortlich. Durch das Verweigern der Aufklärung wird der Zusammenhang von Fleischverzehr und Klimaveränderung konsequent ignoriert. Dies geschieht in allen Instanzen bis hoch zu Landesregierungen und Staatenverbänden, da Fleischesser überall in der Überzahl sind. Die Fleischesser opfern unsere Gesundheit und die Zukunft unseres Planeten für ihre Vorliebe.

„Es ist grotesk, über Welthunger und Ernährung zu reden, ohne die Fleischproduktion anzusprechen. Genauso grotesk ist es, über Klimaschutz zu sprechen, ohne Nichtfleischessen auch nur zu erwähnen. Die deutschsprachige PDF-Version der Agenda 21, die 172 Staaten 1992 in Rio de Janeiro unterzeichneten, um darin Leitlinien für nachhaltige Entwicklung festzulegen, umfasst 361 Seiten. Auf keiner davon wird die Frage des Fleischkonsums berührt, nicht einmal in den Kapiteln ‚Veränderung der Konsumgewohnheiten' oder ‚Förderung einer nachhaltigen Landwirtschaft'. In der Zusammenfassung des Weltagrarberichts von 2010 ist nur eine von 41 Seiten dem Fleischkonsum gewidmet. Sie weigern sich geradezu, neuere Phänomene wie die weltweite Verbreitung der Massentierhaltung zur Kenntnis zu nehmen. Selbst wenn wir über ‚Fleischproduktion' reden, ist ja noch längst nicht von Tieren die Rede. Bereits der Begriff ‚Fleischproduktion' enthält einen gewissen Euphemismus: Als Produzent erscheint der Mensch – wobei eigentlich ein Tier ein anderes gebiert. Dieser Nachwuchs frisst, wächst und wird später getötet. Ebenso schief ist der Begriff des Nahrungs-‚Lieferanten', weil das Tier weder seinen Körper noch dessen Sekrete abliefert, schon gar nicht freiwillig.
Und die meisten Statistiken geben den Fleischverbrauch ohnehin in Kilogramm an, nicht in Tieren."

HILAL SEZGIN (*1970),
Publizistin, Schriftstellerin, Autorin von «Landleben« (*19)

Doch der Fleischverzehr ist kein Randthema:
„Es gehört sogar zu den größten Weltthemen unserer Zeit. Auf Augenhöhe mit Atom und Öl und künstlicher Nahrung und Wasserverknappung und Plastikbergen und Artensterben und Ressourcenverschleuderung und Pharmalügen und Gentechnik, und es ist ein Thema, das eng mit einem immer lauter werdenden Willen verbunden ist: dass wir eine Zukunft haben."

MARSILI CRONBERG,
Blogger und Autor von «Wie ich verlernte, Tiere zu essen« (*14)

Religiöse Züge

Vegetarier werden von Fleischessern oft als eine Art Ketzer hingestellt, denn in ihren Augen nimmt die Vegetarier- und Veganerbewegung religiös-fanatische Züge an. Und so ist der Verzicht auf Fleisch dann eben eine Ungehörigkeit, über die der Fleischesser sich empören muss – ähnlich dem fundamentalen Christen, der sich empört, wenn jemand die Bibel in Zweifel zieht. Vegetarier werden denunziert wie im Mittelalter Ungläubige und der Verzicht auf Fleisch wird zur Blasphemie.

Dies zeigt deutlich die Hilflosigkeit der Fleischesser gegenüber den Argumenten der Vegetarier. Denn nicht die Vegetarier sind es, die religiöse Züge aufweisen, sondern die Fleischesser selbst: So wie religiöse Fanatiker alles leugnen und sich über jedwede Kritik an ihrer Religion empören, so empören sich Fleischesser über Aufklärungsversuche zum Thema Fleisch.

Auch der Vorwurf, Vegetarier würden ein Suchtverhalten entwickeln, ist unbegründet. Denn Vegetarier zeichnen sich ja gerade dadurch aus, dass sie verzichten können. Ganz im Gegensatz zum Fleischesser, der sein Verhalten gegen alle Vernunft verteidigt und es nicht aufgeben kann oder will.

Wenn die Vegetarierbewegung erst einmal auf vielleicht 20 % der Bevölkerung angewachsen ist, dann werden sich auch der Religions- und Suchtvorwurf überlebt haben. Und bei noch größerem Zuwachs geraten vielleicht die verbliebenen Fleischesser in die Verlegenheit, als Sekte von Sonderlingen zu gelten. Denn alle Folgen und Auswirkungen des Fleischkonsums zu leugnen und ungebremst weiterzumachen hat für mich viel eher den Charakter eines Suchtverhaltens oder Fanatismus.

15 Aufklärungspflicht

„Falls Freiheit überhaupt etwas bedeutet, dann bedeutet sie das Recht darauf, den Leuten zu sagen, was sie nicht hören wollen!"
GEORGE ORWELL (1903 – 1950),
britischer Schriftsteller, Essayist, Journalist und Sozialist,
Autor von «Farm der Tiere« (*34)

Aufklärung

Aufklärungsarbeit ist in diesem Bereich unbedingt erforderlich. Resolute Fleischesser versuchen oft, den Aktivisten den Mund zu verbieten. Oder sie nehmen, wie oben beschrieben, eine Haltung der Informationsverweigerung ein. Oder sie argumentieren mit Lächerlichkeiten. Den Aktivisten wird oft das Recht abgesprochen, über die Auswirkungen des Fleischkonsums aufzuklären. Nach dem Motto: „Das mag ja alles stimmen, jedoch soll er das für sich behalten! Ich will in Ruhe (gemeint ist Bewusstlosigkeit) meine Schnitzel genießen!" Häufig wird der Aktivist auch als eine Art „Spielverderber" hingestellt, der Fakten ausspricht, die er auch hätte für sich behalten können. Wenn der Umgang mit Fakten allerdings bedeuten soll, dass man diese nicht hören möchte, um nicht auf sie reagieren zu müssen, dann gibt man im Analogieschluss bereits ein Zugeständnis an die Faktenlage, die übrigens auch ohne das bestehen bleibt. Der Aufklärer hat sie lediglich bekanntgegeben und nicht etwa hergestellt, wie es Voraussetzung für einen Spielverderber wäre. Nur wird diese ganze Logik vom Fleischesser dann insgesamt wieder verweigert und der Fleischesser verfällt in das Myers-Syndrom.

Eine solche Einstellung ist in jeder Form unzulässig. Wer sich das Recht herausnimmt, Fleisch zu essen, der muss es auch aushalten zu erfahren, woher es kommt und was mit seiner Herstellung angerichtet wird. Zumal man sich bei solcher Vorgehensweise ein veräußerliches Recht herausnimmt, nämlich das Recht, von allem nichts wissen zu wollen. **Bei fairer Betrachtung müsste man dem Aktivisten das gleiche Recht zugestehen, nämlich das Recht, sein Wissen unerwünscht weitergeben zu dürfen.** In der Regel schließen sich dieser Meinung auch die Fleischesser selber an. Allerdings nur in vergleichbaren Bereichen, nie beim Fleischverzehr selbst.

Jede Form der Aufklärung?

Der Atomgegner darf in jeder Art und Weise kritisch über die Gefahren der Atomenergie aufklären, ohne dass sich ihm der Atomstromnutzer entgegenstellt. Ebenso wird vom Umweltaktivisten erwartet, dass er seine Erkenntnisse über die Zerstörung der Umwelt durch die Industrie oder andere Faktoren publik macht, dass er Beweise und Resultate vorlegen kann. Niemand wird einem Umweltaktivisten vorwurfsvoll die Forderung stellen, dieser solle doch seine Ergebnisse und die Belege bitte für sich behalten.
Vergleichbares Akzeptanzverhalten finden wir in den Bereichen der Aufklärung über Lebensmittelskandale im Allgemeinen,

Medikamentenmanipulation, Arbeitskräfteausbeutung, schlechte oder unnötige Operationen, Ärztepfusch, geplante Obsoleszenz, Behördenwillkür, Beeinflussung durch Werbung, Fernsehprogrammverblödung, falsche Berichterstattung, Preiswucher usw. Lediglich die Lobbyisten der Industrien werden versuchen, die Aufklärung über die Zerstörung der Umwelt oder die Gefahren der Atomenergie etc. zu verhindern. Der Verbraucher indes steht immer auf der Seite der Aufklärer. Er möchte erfahren, was man ihm zumutet. In allen übrigen Industrien stoßen wir auf den gleichen Effekt. Der Konsument lässt die Aufklärung der Aktivisten in jeder Form zu, er verfolgt sie, empfindet sie als nutzbringend – und das vollkommen zu Recht.

So konnte beispielsweise die Sklavenhaltung nur durch die Aufklärungsarbeit der Aktivisten beendet werden. Und nur gegen den Widerstand der Lobbyisten und Sklavenhalter. Auch Kinderarbeit wurde erst abgeschafft, nachdem die entsprechenden Aktivisten dank ihrer beständigen Aufklärungsarbeit die Öffentlichkeit von der Richtigkeit ihres Anliegens überzeugt hatten.

Als die Schwerindustrie in die Weltwirtschaft Einzug gehalten hat, da gab es in den Fabriken und Manufakturen einen erheblichen Anteil an arbeitenden Kindern. Kleine Kinder von bereits sechs oder acht Jahren mussten 12 bis 14 Stunden täglich körperliche Schwerstarbeit leisten. Das war keine außergewöhnliche Sache, niemandem kam das problematisch vor. Erst als Aufklärer auf diese unhaltbaren Zustände, die zur Zerstörung der Kinderseele führten, hinwiesen, ließ sich die Öffentlichkeit überzeugen und die Kinderarbeit konnte abgeschafft werden. Allerdings gegen den Widerstand der Fabrikbetreiber. Die wollten die billigen Arbeitskräfte behalten. Hier jedoch haben die Menschen- und Persönlichkeitsrechte obsiegt. Die Menschen haben sehr schnell erkannt, dass der interessebedingte Widerstand der Fabrikanten nicht der richtige Weg ist und überwunden werden muss.

Und selbst das Wahlrecht für Frauen musste erkämpft werden, denn noch zu Beginn des 20. Jahrhunderts war es vielen Teilen der Bevölkerung vollkommen unverständlich, warum Frauen dieselben Rechte haben sollten wie Männer.

Die Suffragettenbewegung benötigte 25 Jahre, von 1903 bis 1928, um der Öffentlichkeit bewusst zu machen (mit teilweise radikalen Mitteln), dass Frauen die gleichen Rechte haben und öffentlich rauchen und später dann wählen durften. Auch hier mussten Aktivisten durch Aufklärung erst eine allgemeine Akzeptanz erwirken. De facto mussten die Frauen über 40 Jahre für die Anerkennung ihrer Rechte kämpfen.

Fast jede Form

Der Fleischkonsum indes bildet die große Ausnahme. Hier steht der Aufklärer dem Widerstand der Hersteller und dem Widerstand der Verbraucher gleichermaßen gegenüber. Dieser Widerstand ist mit keiner anderen Branche vergleichbar. Der unaufgeklärte Fleischesser empfindet den vegetarischen Aktivisten als eine Art Appetitverderber, der ihm das ‚harmlose' Vergnügen des Fleischverzehrs böswillig zerstören will. Allerdings wird gleichzeitig eine Anhörung der Motive der Aktivisten verweigert.

Man muss sich das bildlich vorstellen: Eine Gruppe erwirkt durch ihr Handeln einen Zustand und ignoriert dann eben diesen Zustand ebenso wie die Verantwortung für sein Entstehen und

Fortbestehen. Wenn Aufklärung über die Auswirkungen dieses Zustands von außen an die Gruppe herangetragen wird, verweigert die Gruppe das Zuhören und erklärt den Aufklärer zum Problem.

Ich weiß, dass Verbände wie PETA oder sehr aktive Aufklärer in ihren Reaktionen manchmal etwas radikal erscheinen. Jedoch besitzt man als aufgeklärter Vegetarier einen großen Wissensvorsprung gegenüber dem unaufgeklärten Fleischesser. Und wenn diese die empirischen Erkenntnisse und belegten Informationen schlichtweg nicht anerkennen und Leugnen als probates Mittel ansehen, um der Verantwortung zu entkommen, kann man schon manchmal ein bisschen die Geduld verlieren.

Spott über Moralisten

Vegetarier haben in der Gesellschaft keinen leichten Stand, denn noch immer müssen sie sich erklären. Sie müssen erklären, wie sie zu solch ‚verstiegenen' Ernährungsgewohnheiten kommen. Doch welcher Art ist diese Logik? Ein Vegetarier entscheidet sich für eine Lebensweise, die keine Menschen tötet, keine Tiere quält und tötet, die Natur nicht zerstört und die Ressourcen nicht verschwendet – und muss sich dafür noch rechtfertigen?

Auch das Zufügen von sozialem Schaden durch Spott ist eine beliebte Gegenreaktion der Fleischesser. Zum Beispiel ergehen sich einige in Trotztiraden, essen demonstrativ die doppelte Fleischmenge oder protzen mit den kürzlich erworbenen oder verzehrten Fleischmengen. Oder sie kramen die Steinzeit-Primitivpsychologie heraus, die Fleischverzehr mit männlicher

Stärke assoziiert und Vegetarismus mit gesellschaftlicher Schwäche. Ein Vegetarier bekommt bei solchen Fleischessern praktisch einen Dachschaden attestiert – eine subtilere Form des Spotts. Das ist ein Verhalten, welches ich nur als ignorant, infantil und dreist bezeichnen kann.

Verunglimpfung ersetzt keine Argumente! Wer Vegetarier und Tierschützer verspottet, der verspottet damit gleichzeitig verhungernde Menschen und unsäglich leidende Tiere. Der verspottet den Regenwald und die Zukunft unserer Kinder.

Der Vegetarier handelt moralisch, ethisch, konstruktiv und nachhaltig. Er lehnt die Grausamkeit ab und respektiert intelligente Lebensformen. Zudem begrenzt er den Schaden. Schaden, der durch Fleischesser verursacht wird.

Es ist mehr als unglücklich zu nennen, wenn man sich dafür auch noch verspotten lassen muss. Und zwar ausgerechnet von denen, die den Schaden selber verursachen.

„Als Vegetarier nimmt man den Hohn der restlichen Menschheit in Kauf. Einer Menschheit, die es für so selbstverständlich ansieht, dass Tiere schwer misshandelt werden, dass sie das Einhalten eines Minimalstandards wie den schlichten Umstand, dass Gänse auch mal an die frische Luft dürfen, für eine bemerkenswerte Sache hält. So außergewöhnlich, dass man darüber einen kleinen Mittagsmagazin-Einspieler machen und die Tiere zu Glückspilzen erklären kann."

KAREN DUVE, «Anständig essen« (*4)

Selbst Anfeindungen ist der Vegetarier ausgesetzt. Sogar in Gesellschaft sogenannter stummer Vegetarier, welche wort-, erklärungs- und diskurslos auf Fleisch verzichten, werden viele

Fleischesser aus eigener Initiative aggressiv oder starten Trotz- oder Spotttiraden.

„*JULIA MINSON von der Universität Pennsylvania und BENOÎT MONIN von der Universität Stanford bieten eine Erklärung an (Social Psychological and Personality Science, Bd. 3, S. 200, 2012). Fleischesser hätten oft das Gefühl, dass Vegetarier sie moralisch verurteilten, und fühlten sich zu schlechten Menschen degradiert. Und Attacken auf ihr positives Selbstbild wehren Menschen ab, indem sie Angreifer lächerlich machen.*"

Süddeutsche Zeitung online, 3.2.12 (*27)

Die Aufklärungsarbeit aktiver Vegetarier sollte nicht boykottiert, sondern honoriert werden. Ich erinnere noch einmal an die Sklavenhaltung oder die Kinderarbeit, die wir ohne die ungeliebten Aktivisten niemals beendet hätten. Als sich anfänglich im 20. Jahrhundert nur wenige Menschen für die Frauenrechte einsetzten, wurden diese auch verspottet und als wunderliche Außenseiter diskreditiert. Heute würde niemand mehr argumentieren, dass Frauen dieselben Rechte nicht unveräußerlich zustünden.

16 Wie mir der Fleischverzehr begegnet

Die Gesundheit

Eine Erkenntnis hat sich bereits auch bei Fleischessern durchgesetzt: Fleischverzehr ist ungesund. Fleischgenuss ist die Hauptursache für Krankheiten wie Arteriosklerose, Multiple Sklerose, Depressionen, Herz- und Kreislauferkrankungen, Gicht und Krebs.

Eine 10-jährige amerikanische Studie mit Daten von 550 000 Männern und Frauen im Alter zwischen 50 und 71 Jahren zeigte im Jahre 2009 eine um 31 bis 36 Prozent höhere Sterberate bei Fleischessern.

Krebsforschungsinstitute wissen, dass der Verzehr von rotem Fleisch zu einem *„überzeugend hohen Risiko für Darmkrebs"* (WORLD CANCER RESEARCH FUND, U.S.A., 2007) (*2) führt. Eine begrenzte Verzehrmenge von 300 Gramm pro Woche wurde empfohlen. Man sollte sich vergegenwärtigen, wie wenig das ist. 300 Gramm sind etwa so viel, wie ein einzelnes Schnitzel auf die Waage bringt. Wobei die Verzehrmenge keinesfalls als gesund gelten kann. Die Empfehlung macht wieder einmal Zugeständnisse an das kultivierte Konsumverhalten der Menschen. Wirklich gesund wäre es, völlig auf Fleisch zu verzichten. Für Zigaretten gibt es auch keine kleinste „wenigstens"-Menge. Im ersten Kapitel haben wir bereits gesehen, wie überflüssig Milch ist. In logischer Folge gilt für Fleisch natürlich das gleiche.

Das AMERIKANISCHE ÄRZTEJOURNAL schrieb bereits 1961, dass sich 90 bis 97 % aller Herzkrankheiten durch eine fleischlose Kost vermeiden lassen. Das heißt, dass sich fast alle koronaren Herzkrankheiten und andere Formen von degenerativen Erkrankungen durch den Verzicht auf Fleisch- und Milchprodukte vermeiden ließen. Durch eine vegane Ernährung müsste keine koronare Herzerkrankung jemals entstehen, so Dr. CALDWELL B. ESSELSTYN aus den U.S.A. Als einziger Auslöser koronarer Herzkrankheiten bliebe nur noch das Rauchen. Dr. ESSELSTYN ist sich sicher, dass er die Aufnahme aller Bausteine der Arteriosklerose durch geplante vegane Ernährung ohne Ausnahme verhindern kann. (*2)

Doch auch andere Gesundheitsrisiken bestehen.
So werben die Milchindustrie und ihre Helfer seit Jahren, dass Milch wegen ihres Gehalts an Kalzium und Eiweiß gesund sei und für starke Knochen sorge. Doch tierisches Eiweiß, besonders aus der Milch, ist ein guter Förderer des Krebswachstums. Dies wurde in Studien nachgewiesen.
Prof. Dr. C. T. CAMPBELL untersuchte diesen Zusammenhang im Rahmen seiner *China Study* und stellte fest: *„Das Protein Kasein, welches über 87 % der in der Kuhmilch enthaltenen Proteine ausmacht, ist durchwegs stark krebserregend und fördert alle Stadien des Krebswachstums!"* (*2)
Laut einer Untersuchung des SCHWEIZER BUNDESAMTS FÜR GESUNDHEIT (BGA) stammen 92 % aller giftigen Substanzen in der Nahrung, Dioxine und PCB, aus Tierprodukten.

Auch beim Fischverzehr bestehen gesundheitliche Risiken. Bedenklich ist vor allem die große Quecksilberbelastung.
Die U.S.-Umweltschutzagentur EPA fand heraus, dass Frauen, die zweimal pro Woche Fisch aßen, eine um siebenmal höhere Quecksilberbelastung im Blut aufwiesen als Frauen, die keinen Fisch aßen. Der Ernährungsexperte Dr. NEAL BARNARD emp-

fiehlt, dass wichtige Fettsäuren und Vitamine über entsprechende pflanzliche Nahrungsmittel wie Walnüsse oder Flachsamen aufgenommen werden sollten – ohne die schädlichen Toxine, die im Fisch enthalten sind. (*2)

Die von der WHO veröffentlichten Zahlen über die weltweite Brustkrebshäufigkeit korrelieren mit der Höhe des Milchkonsums in den jeweiligen Ländern. Der EU-BST-HUMAN-REPORT untersuchte die Auswirkungen des Milchkonsums auf die menschliche Gesundheit. Er kam zu dem Schluss, dass durch die Hormone in der Milch das Wachstum von bösartigen Tumoren, insbesondere bei Brust- und Prostatakrebs, gefördert werden kann." Dr. med. ERNST W. HENRICH (*3)

Die ZÜRICHER ZEITUNG schrieb 1986, dass der zu 80 % durch Fehlernährung auftretende Dickdarmkrebs bei Vegetariern sehr selten vorkommt. Die Überlebenszeiten bei Krebsfällen waren selbst dann deutlich länger, wenn erst nach dem Ausbruch der Krankheit auf vegetarische Ernährung umgestellt wurde.

„Es ist eine Tatsache, dass Krebspatienten, die ihre Ernährung auf eine vegetarische Kostform umstellen, prinzipiell eine längere und höhere Überlebensrate aufweisen. Auch zur Prävention leistet die vegetarische Ernährung einen sehr wichtigen Beitrag. Vor etwa 20 Jahren wurde in Amerika eine große Studie, die Fraserstudie, an 3000 Vegetariern durchgeführt. Das Ergebnis war, dass Vegetarier durchschnittlich 10 Jahre länger leben als Mischköstler und im Durchschnitt 50 % seltener an Krebs erkranken. [...] Den Fleischkonsum zu beenden ist allein deshalb sinnvoll, weil man seinem Körper damit weniger freie Radikale, das sind ag-

gressive Moleküle, zuführt, die hauptverantwortlich für viele Erkrankungen sind – inklusive Krebserkrankungen. Pflanzliche Kost hingegen führt dem Körper sogar Radikalenfänger, sprich Antioxidantien, zu. Und die [im Fleisch nicht vorhandenen, Anm. d. Autors] Ballaststoffe binden die krebsauslösenden Substanzen und Schadstoffe."

Dr. KLAUS GSTIRNER (*1963), österreichischer Krebsspezialist, im Interview mit NINA MESSINGER (*12)

Wie in Kapitel 1 bereits dargestellt, wirken die gefürchteten Karzinogene, das heißt krebsauslösende Toxine in unserer Nahrung, nur dann krebsauslösend, wenn gleichzeitig bereits relativ geringe Mengen an tierischen Proteinen aufgenommen werden. Schon aus diesem Grund ist es ratsam, auf Fleisch-, Milch- und Eierprodukte völlig zu verzichten.

„Auch wenn wir uns die Ernährungsgewohnheiten der langlebigsten Völker der Erde ansehen, wird der gesundheitliche Wert der fleischlosen Ernährung offenbar. Bekannte Beispiele hierfür sind der Hunza-Stamm im Nordwesten des Himalajas, das Ostindische Todavolk sowie verschiedene Völker Südindiens, die Russischen Kaukasier, die Yucatan-Indianer, die Tarahumara-Indios im Nordwesten Mexikos oder die ländliche Bevölkerung Bulgariens, die sich entweder vollständig vegetarisch ernähren oder nur sehr selten Fleisch verzehren.

Die Vorurteile, dass Vegetarier blasse, schwache und kränkliche Bohnenstangen sind, verlieren somit endgültig an Glaubwürdigkeit.

Interessant ist auch an dieser Stelle zu erwähnen, dass bei Volksstämmen wie den Inuits und Kirgisen, die fast ausschließ-

lich von Fleisch und Fisch leben, die Menschen sehr schnell altern und früh sterben."

NINA MESSINGER, «Du sollst nicht töten!« (*12)

„Nicht nur in Bezug auf die Lebenserwartung, sondern auch in Bezug auf das körperliche Leistungsvermögen, schneiden die Vegetarier in Vergleichsstudien deutlich besser ab. Bei körperlicher Anstrengung beweisen sie eine viel größere Ausdauer als Fleischesser, und sie benötigen eine erheblich kürzere Erholungsphase, da vegetarische Nahrung auf eine natürliche Weise aufbauend wirkt, wohingegen Fleisch nur einen kurzen Energieschub gibt (ähnlich wie Kaffee), dann aber den Körper mit all den beschriebenen Nachteilen belastet."

R. ZÜRRER, A. RISI (*1)

Der Zusammenhang zwischen den vielen Zivilisationskrankheiten oder Überflusserkrankungen und dem Wachstum der Fleischproduktion ist wirklich deutlich sichtbar. Beide sind gleichzeitig extrem gewachsen. Bei vegetarisch lebenden Völkern sind unsere heutigen Zivilisationskrankheiten hingegen noch immer so gut wie unbekannt.
Die WHO warnt vor einem Zuwachs der Krebserkrankungen um 40 % bis zum Jahre 2020. Und das trotz Rückzug der Raucher. Es sind Krankheiten auf dem Vormarsch, die vor der Massenfleischproduktion so gut wie unbekannt waren. Ich glaube, Alzheimerdemenz ist in den 1960er Jahren nur in medizinischen Fachkreisen bekannt gewesen. Und da auch sicherlich nur in der Forschungsmedizin. Heutzutage haben wir so viele Erkrankte, dass der Terminus jedem Laien ein Begriff ist.

„*Es gibt viele Gründe, warum Menschen zu Vegetariern werden. Vegetarische Mahlzeiten sind ausgesprochen gesund und fördern das körperliche Wohlbefinden. Sie lassen den Energiespiegel explosionsartig in die Höhe schnellen, machen den Körper geschmeidiger und schlanker, stärken das Immunsystem und helfen schließlich dabei, einen Gesundheitszustand zu erreichen, den man vorher nicht für möglich gehalten hätte.*
Vegetarische Ernährungsprogramme können verstopfte Arterien reinigen, Herzerkrankungen heilen oder Patienten mit Diabetes und Bluthochdruck beim ABSETZEN ihrer Medikamente unterstützen! [...] Die Ursache der meisten Stoffwechselerkrankungen, Allergien und anderer Beschwerden liegt in einer erhöhten Zufuhr an tierischen Eiweißen. [...] Die Zusammenhänge zwischen Fleischverzehr und lebensbedrohlichen Krankheiten werden immer deutlicher: Es ist schlüssig nachgewiesen, dass der Verzehr von tierischen Produkten in unmittelbarem Zusammenhang mit Herzerkrankungen, Krebs, Diabetes, Arthritis und Osteoporose steht. Tierische Fette – und hier vor allem das Cholesterin, welches nur in tierischen Produkten zu finden ist – verstopfen die menschlichen Arterien, was oft zu Herzinfarkten und Schlaganfällen führt. Eine vegetarische Ernährung kann z. B. 97 % aller Koronarverschlüsse verhindern. Die Rate der Dickdarmkrebsfälle ist in den Gegenden am größten, wo der Fleischverbrauch am höchsten ist – und dort am niedrigsten, wo man gewöhnlich kein Fleisch isst.
Ein ähnliches Muster besteht für Krebserkrankungen der Brust, des Gebärmutterhalses, der Gebärmutter und der Eierstöcke sowie der Prostata und der Lunge."

INGRID NEWKIRK, «Die vegane Küche« (*28)

Die Gesellschaft der Fleischblockade

All diese Beweise zeigen uns, dass Fleisch als Lebensmittel ungeeignet ist. Ließe man die vielen moralischen Probleme, die ich oben beschrieben habe, und die Umweltzerstörung außer Acht, so könnte man es höchstens als Genussmittel einsetzen, wie Schokolade oder Kaffee, die sich als Grundnahrungsmittel ebenso wenig eignen.

„Fleisch ist ein Genussmittel, und für den Großteil der heutigen Zivilisationskrankheiten wie Krebs, Gicht, Osteoporose, Herz-Kreislauf-Erkrankungen, Diabetes usw. mitverantwortlich."
Dr. med. HANS-GÜNTER Kugler (*35)

Leider ist unsere Gesellschaft heutzutage von Fleischessern durchsetzt. Die Menge des Fleischverzehrs an sich wird meistens unterschätzt. Im Durchschnitt isst jeder Deutsche in seinem Leben 1.094 Tiere. Verteilt auf 4 Rinder, 4 Schafe, 12 Gänse, 37 Enten, 46 Schweine, 46 Puten und 945 Hühner. (FLEISCHATLAS, HEINRICH-BÖLL-STIFTUNG) (*19)
Diese Zahlen sind Werte aus Deutschland. Jedoch gibt es auf der Welt andere Länder, wie die U.S.A. beispielsweise, in denen deutlich mehr Fleisch gegessen wird.

Durch die Verschwendungsproduktion und die Ursprungsverschleierung der Fleischproduzenten wurde eine massive Täuschungstaktik in Gang gesetzt, die dem Verbraucher völlig falsche Voraussetzungen suggeriert – und zwar über Produktionsmethoden, Vertrieb und Gesundheitsverträglichkeit. Die Fleischlobby hat eine raffinierte Verschwendungstaktik entwickelt, um uns dieses Produkt als unbedenklich oder sogar notwendig schmackhaft zu machen.

„Diese Verschwendungstaktik der multinationalen Großkonzerne führte zu einem explosionsartig gesteigerten Fleischangebot, und so musste dem Volk der wachsende Fleischberg irgendwie schmackhaft gemacht werden. Über eine großangelegte Werbung und ‚wissenschaftliche' Propaganda wurde verkündet, Fleisch sei gesund und wichtig, der Mensch brauche viel Protein, pflanzliches Protein sei minderwertig, Vegetarier hätten Mangelerscheinungen usw. Leider wird dieser von der Fleischindustrie in die Welt gesetzte Unsinn auch heute noch von nicht wenigen Ärzten, Medizinprofessoren und -studenten geglaubt und verkündet."

A. RISI, R. ZÜRRER (*1)

In unseren Restaurants gibt es praktisch kein fleischloses Gericht. Wenn man vegetarisch essen möchte, dann muss man einen Salat bestellen und die Fleischzutat entfernen lassen.

In Supermärken ist unter den Kombinationslebensmitteln praktisch keines zu finden, in dem kein Fleisch enthalten ist – es sei denn gelatinefreie Kuchen oder Süßigkeiten, in denen dann aber übermäßig viele Milchprodukte und Eier enthalten sind. Jede Fertigsuppe, jeder Doseneintopf trägt den demonstrativen Zusatz „mit x % Schweinefleisch" oder „mit Rauchspeck", als sei dies der große Vorteil dieser Suppe.

In unserer Küche gibt es mittlerweile kaum Gerichte ohne Fleisch. Die meisten sind nach ihrer Fleischzutat benannt und die Fleischbeigabe bildet das Zentrum der Gerichte. Die meisten Fleischesser essen jeden Tag Fleisch, immer, in jeder Menge, zu jeder Mahlzeit.

Snacks, zur Zwischenmahlzeit, bestehen meist aus Fleisch. Es gibt kleine Würste, kleine Schnitzel für den Toaster, Nuggets, Pizzasnacks (natürlich mit Salami oder Schinken) u. v. m.

Fleisch ist verfügbar wie kein weiteres ‚Lebensmittel'. Es gibt gebratene Schnitzel, fertige Buletten, bereits gekochte Würste, Pasta gefüllt mit Fleisch, Salate aus Wurst und Fleisch, belegte Brötchen mit Fleisch. Es gibt Snacks aus Wurst und Fleisch, Fleischaufschnitt in jeder erdenklichen Variation. Und dann noch Pizza, Kartoffelsalat, Bratkartoffeln, Pastasoße, Gratinsoße, Suppen, Pilzgerichte, Tapas und Fingerfood, alles mit Fleisch. Wohlgemerkt, alles zusätzlich zum Fleischangebot der Metzgertheke sowie der Frischfleischtheke und zum Gefriergut.
Das Fleischangebot in den Supermärkten übersteigt bei weitem das Gemüse- und Obstangebot oder das Gebäck- oder Süßigkeitenangebot. Jedes Geschäftsmodell eines jeden Schnellimbiss-Restaurants basiert auf einem Überangebot an Fleischprodukten. In den Läden ist praktisch nichts anderes zu bekommen als Fleisch. Unseren Kindern wird anerzogen, dass sie zu jeder Gelegenheit Fleisch essen können, so viel sie nur wollen. Von Verantwortung, Erklärung oder Aufklärung über die Herstellung oder die Auswirkungen ist keine Rede.
Fleisch wird völlig verantwortungslos und unaufgeklärt als Nahrungsmittel eingesetzt. Durch das hohe Aufkommen wird eine massive Wahrnehmungsstörung bei uns ausgelöst: Wir halten es für bedenkenlos konsumierbar (veritables Massenerlebnis). Fleisch wird auf Werbeprospekten ganz gewissenlos per Kilopreis angeboten, als handele es sich um Erdbeeren. Vor den gigantischen Vor- und Folgeschäden, die seine Produktion verursacht, warnen kein Packungshinweis, kein Politiker und kein Gesundheitsamt.

Aus all diesen Gründen leiden die Menschen flächendeckend unter einer Fleischblockade. Fleisch wird als eine Ergänzung in der Nahrung angesehen. Der Gedanke, dass es sich hierbei um einen überflüssigen Störfaktor handelt, wird völlig blockiert. Für die meisten Menschen ist eine Mahlzeit nur dann eine Mahlzeit, wenn Fleisch enthalten ist. Ohne einen Fleischanteil im Essen wird dieses Essen als „nichts Richtiges" empfunden.

Die Fleischblockade sorgt dafür, dass Fleisch entgegen allen Erkenntnissen, offensichtlichen Warnungen und Gegenbeweisen als bedenkloses Nahrungsmittel wahrgenommen wird. Das geht so weit, dass Studien über die Schädlichkeit des Fleisches lieber in Bezug auf ihre Sachlichkeit, ihre Empirik oder ihre Quellen angezweifelt und abgelehnt werden. Berichte über giftiges oder schädlich produziertes Gemüse jedoch werden ungeprüft geglaubt und als Rechtfertigung für den Fleischverzehr missbraucht.

Einige Fleischesser sind derartig blockiert, dass Berichte über belastetes Gemüse dankend und erleichtert angenommen werden und der gesundheitlich und gesellschaftlich höchst bedenkliche Fleischverzehr verharmlost wird. Kein Skandal über Gammelfleisch, Qualhaltung, Verkeimung, Umweltzerstörung, Antibiotika, grausame Schlachtmethoden, Hungersnöte oder explodierende Krebsraten können diese Fleischesser davon abhalten, weiter Fleisch zu essen, oder auch nur Anflüge von Bedenken auslösen.

Ich finde es manchmal unglaublich, mit welcher Bedenkenlosigkeit die Leute große Mengen Fleisch essen, was sie beispielsweise mit Süßigkeiten, die durchaus als harmloser als Fleisch eingestuft werden können, niemals machen würden. Doch das Nachdenken über die Auswirkungen des Fleischkonsums und der Tierhaltung werden konsequent verweigert und totgeschwiegen.

„Das Unglaubliche an dieser Situation ist nicht nur die extreme Bedeutung der Tierhaltung für den Klimawandel, sondern auch, dass die Tierhaltung in fast allen TV-Diskussionen zu diesem Thema totgeschwiegen wird. Dies geschieht, obwohl die beteiligten Politiker, Wissenschaftler, Journalisten und andere Diskutanten um die verheerende Wirkung tierlicher Produkte für das Klima wissen. Oder haben diese Leute sich nicht mit dem Thema beschäftigt und diskutieren trotzdem?"

Dr. ERNST W. HENRICH (*3)

Fernsehköche verwenden Fleisch völlig gewissen- und verantwortungslos, ohne auf irgendwelche Folgen hinzuweisen (Ausnahmen sind SARAH WIENER, die ein wenig für die Verantwortlichkeit beim Fleischessen eintritt, und natürlich MICHAEL HOFFMANN und ATILA HILDMANN, die genialen Veggie-Köche). Berufsköche sind ohnehin überfordert, wenn sich Vegetarier beim Restaurantbesuch nicht mit den Gemüsebeilagen abspeisen lassen wollen. Alle ihre Gerichte sind auf das Fleischzentrum ausgerichtet. Sie verwenden es wie eine anonyme Masse, als sei es Mehl oder Mais, und beziehen es auch so.

Festessen und Partys sind ohne Fleischangebot undenkbar. Die Qualität einer Feier wird zu einem großen Teil am Essen, und hier wieder am offerierten Fleisch, gemessen. Beispielsweise werden oft noch Tage nach der Feier der gute Braten oder das „herrliche" oder „gelungene" Fleisch gelobt. Zum Gemüse habe ich das noch nicht gehört.

Ich habe bisweilen schon die Erfahrung gemacht, dass auf Partys nicht eine fleischlose Speise angeboten wurde.

Grillpartys funktionieren ohne Fleisch überhaupt nicht. Der ganze Zweck einer solchen Zusammenkunft scheint einzig und allein im Fleischverzehr zu liegen. Man wird geradezu verlacht, wenn man Fleischverzehr ablehnt und Gemüse auf den Grill legen möchte.

Uns steht heute ein Überangebot an Fleisch zur Verfügung. Wir müssen uns deshalb einmal vergegenwärtigen, unter welchen Umständen diese irrsinnige Masse erzeugt worden ist.
Meine Generation (ich bin 1968 geboren) und die Nachgeborenen sollten sich dringend vergegenwärtigen, in welche Ernährungsgewohnheiten sie da hineingeboren wurden. Wir halten die Massentierhaltung, das riesige Fleischangebot und den täglichen Verzehr für normal. Doch nur weil wir in diese Verbiegung der Natur hineingeboren sind, ordnen wir Fleisch wie ein Grundnahrungsmittel ein.
Es gab Zeiten, in denen ungleich weniger Fleisch gegessen worden ist. Das waren Zeiten, bevor es Genpools, Designertiere und Massentierhaltung gab. Die Menschen haben vielleicht ein- oder zweimal in der Woche Fleisch gegessen. Den sogenannten Sonntagsbraten. Vielleicht noch einmal Würstchen im Eintopf, doch für die meiste Zeit der Woche lebten die Menschen vegetarisch.
Fleisch war zu diesen Zeiten kein Grundnahrungsmittel.
Das hat sich grundlegend geändert – durch die Fließbandproduktionsmethoden der verkaufsinteressierten Fleisch- und Milchindustrien, mit deren Weiterentwicklung keine Aufklärung einhergegangen ist.
Wenn man heute einen Fleischesser beobachtet, so wird er Fleischprodukte völlig bedenkenlos konsumieren. Bedenken werden nur bei ganz unbedenklichen, veganen Gerichten angemeldet. Wir können das auch daran ablesen, dass Fleischesser

die vielen Zutaten und Kombinationen der veganen Küche ablehnen, obwohl sie diese bedenkenlos in ihre Küche einbinden könnten. Und so ist es natürlich ein Leichtes, bei der Überzeugung zu bleiben, die vegane Küche habe nichts zu bieten.
Ein gutes Beispiel zur Vergegenwärtigung dieses Problems ist Käse. Wir alle kennen die scheinbar unermessliche Vielfalt der unterschiedlichen Käse-Produkte. Da gibt es Weich-, Frisch-, Hart-, Reibe-, Harzer-, Hand- und Körnerkäse – und die Aufzählung wäre noch lange nicht am Ende. Alles in unterschiedlichen Farben, Formen, Fettgehalten und Gewürzen. Aber der Grundstoff für alle diese Käsesorten ist immer der gleiche, nämlich Milch.
Wir könnten eine ebensolche Konsistenz-, Reife- und Kombinationsvielfalt herstellen, wenn wir als Grundstoff ein Gemüse verwenden. Sagen wir weiße Bohnen. Wir hätten dann einen Brotaufstrich in unterschiedlichsten Formen, als Crème, schnittfest, gekocht, geröstet, grob, homogen, mit Zwiebeln, süß oder herzhaft, eben wie die vielen Käsesorten. Nun gibt es aber nicht nur weiße Bohnen. Es gibt auch braune, gelbe und grüne. Und dann gibt es nicht nur Bohnen, sondern noch Mais, Erbsen, Zucchini, Radieschen, Spargel, Kohl, Möhren u. v. m. Und diese vielen Gemüsesorten lassen sich untereinander auch noch kombinieren.
Die vegane Küche ist unermesslich reich und vielfältig. Ein Inder, der die vielen veganen Kombinationen seit Generationen kennt und nutzt, wird über die Eintönigkeit der fleisch- und milchbasierten Küche erstaunt sein. Zumal die meisten Fleischesser das Einbinden der veganen Zutaten in ihre Kochweise ablehnen.

Die Fleischproduktion hat in den letzten 20 Jahren um wahnwitzige 70 % zugenommen. Die Öffentlichkeit wird kaum bis gar nicht über die Auswirkungen der Fleischproduktion aufgeklärt. Unter logischen Gesichtspunkten sollte man meinen, dass sich die Fleischproduktion reduziert hätte, denn die vegetarische Bewegung ist auf dem Vormarsch. Dass die Produktion derartig gewachsen ist, zeigt uns, dass die Fleischesser ihren Konsum erhöht haben.

Es zeigt aber auch die Verantwortungslosigkeit, die beim Thema Fleischverzehr an den Tag gelegt wird. Der übliche Fleischesser flüchtet sich in eine lethargische Gleichgültigkeit und versucht, nicht auf die Aufklärungseinflüsse zu reagieren. Das genügt jedoch nicht, um sich aus der Verantwortung zu stehlen. Nicht auf etwas zu reagieren ist letztlich auch eine Reaktion. Wir sind ebenso für die Handlungen verantwortlich, die wir unterlassen.

„Wer seine Hände tatenlos in den Schoß legt, der schließt seine Finger praktisch um das Schlachtermesser!"
JONATHAN SAFRAN FOER (*5)

Ich glaube nicht, dass irgendjemand mit dem Fleischkonsum fortfährt, der sich über die Hintergründe und Auswirkungen informiert hat. Fleischverzehr ist so zerstörerisch und destruktiv, dass ich mir nicht vorstellen kann, wie ein Mensch mit gesundem Menschenverstand die Folgen ignorieren könnte. Und sollte es doch solche Menschen geben, wie grausam und zerstörerisch muss eine Vorliebe für sie noch werden, damit sie sie aufgeben? Es werden bereits milliardenfache Grausamkeiten und Zerstörungen für die Vorliebe des Fleischverzehrs angerichtet. In welche Dimensionen muss sich das noch steigern, bis sich auch diese Menschen überzeugen lassen?

Und jene, die Aufklärung verweigern: Wie viele Hinweise können sie ignorieren? Wie viele Jahre wollen sie die Hinweise weiter ignorieren? Wann sagt ihr Gewissen, ich kann nicht mehr wegsehen?
Wie lange können sie noch mit dem Paradoxen leben?

Konventionsflucht

Ich bin natürlich auch oft auf Menschen gestoßen, die alle Argumente gegen den Fleischkonsum aufnehmen, anerkennen und auch akzeptieren. Allerdings führt auch diese Überzeugung bei einigen Menschen nicht vom Fleischverzehr weg. Eine Handlungsweise, die ich als Konventionsflucht beschreibe.
Zu tief sitzen die Konventionen und zu fern sind die Grausamkeiten und die Zerstörung für diese Menschen. Oft flüchten sie sich einfach in diese etablierten Konventionen, um die Verantwortung ablehnen zu können. „Das mit der Grausamkeit und der Zerstörung ist ja alles richtig, und eigentlich dürfte man das ja auch nicht tun! Aber wenn ich mit dem Fleischkonsum aufhören würde, dann könnte ich ja nicht mehr beim Grillen mitmachen!"

„Wie kommt es, dass so viele an sich nette und intelligente Männer so wenig Bereitschaft zeigen, in Zusammenhängen zu denken, wenn es um ihren Fleischkonsum geht? Warum glauben Menschen, die die Welt ansonsten kritisch und differenziert betrachten, es sei gut, ausgerechnet bei einer existenziellen Sache wie dem Essen, unhinterfragt die Überzeugung ihrer Eltern zu übernehmen?"
KAREN DUVE (*4)

Die Leute verschieben ihre Verantwortlichkeiten auf das Establishment, welches sich um die Abschaffung dieser Missstände zu kümmern habe. Erst wenn es gesellschaftlich anerkannt wäre, würden sie den Fleischkonsum aufgeben. Meist aber werden alle Argumente einfach ignoriert. Unterbewusst ahnt der Fleischesser, dass der Fleischverzehr ein schwerer Fehler ist. Jedoch weiß er auch, dass er den Fleischkonsum einstellen müsste, würde er die Argumente offen zulassen. Also verweigert er die Aufnahme des Faktengehaltes und fährt mit dem Fehlverhalten fort. Diesmal bewusst.

Eine weitere Variation ist ein gewisses Trotzverhalten. Wieder wird die Aufnahme der Informationen, welche zu den Argumenten gegen das Fleischessen führen, verweigert. Der Fleischesser wähnt sich in einer Art ‚Naturrecht', von den Vorgängen, die er verursacht, gar nichts wissen zu müssen. Solche Fleischesser empören sich dann regelrecht darüber, dass ihnen jemand die Wahrheit gesagt hat. Sie betreiben eine Art der Konventionsflucht und bitten sich Rücksichten aus, welche die Aktivisten ihnen gegenüber zu nehmen hätten. Die Rücksicht nämlich, die Wahrheiten für sich zu behalten und den Fleischesser nicht mit den Folgen seines eigenen Verhaltens zu belästigen.

Manchmal wird diese grausame, zerstörerische und verzichtbare Vorliebe auch noch zu einer grundlagenlosen Notwendigkeit erhoben. Der Fleischesser erklärt, man solle ihn mit dem Fleischverzicht in Ruhe lassen, er könne auf keinen Fall darauf verzichten. Da die Unverzichtbarkeit nicht erklärt werden kann, bittet sich der Fleischesser Rücksichten aus, die der Aktivist (Aufklärer) zu nehmen habe.

Zuweilen wird sich auch, sozusagen als letzter Ausweg, auf religiöse Schriften berufen, welche den Fleischverzehr explizit erlauben. Hierzu mehr im Kapitel 17.

Zum Schluss möchte ich eines in aller Klarheit festhalten: Die Fleischesser sind das Problem, nicht die Vegetarier. Die Fleischesser richten die Schäden an und müssen sich deshalb in Rücksichten üben. Genau wie die Raucher die Rücksichten zu nehmen haben und nicht etwa die Nichtraucher. Denn die Raucher richten die Schäden an und muten die Belastung zu. Nicht die Gebildeten und Aufgeklärten liegen falsch und stellen das Problem dar, sondern die Ungebildeten oder die Aufklärungsverweigerer.

„Wir sollten unseren hohen Fleischkonsum überdenken. Das tut nicht nur unserer Gesundheit, sondern auch dem Klima gut! Und es bedeutet wohl kaum ein Verzicht auf Lebensqualität."
Prof. Dr. ANDREAS TROGE
vom deutschen Umweltbundesamt (*36)

„Jetzt sind sich so ziemlich alle Wissenschaftler darüber einig, dass die Tierhaltung zur Lebensmittelerzeugung eine der Haupursachen unserer schlimmsten Probleme ist. Welthunger, Umweltverschmutzung, Bodenzerstörung. Zu hoher Wasserverbrauch, Verlust der Artenvielfalt und insbesondere Klimawandel. Es geht nicht nur um die Güllepfützen vor der Mastanlage, sondern vor allem um den Regenwald, der CO^2 speichern könnte, und der abgeholzt oder abgefackelt wird, um Futter für die Masttiere der Industrienationen anzubauen. Allmählich scheint sich die Erkenntnis durchzusetzen, das der zunehmende Verzicht

auf Fleisch keine wirre Idee alternativer Spinner ist, sondern eine zwingende Notwendigkeit, wenn wir es noch ein paar Generationen machen wollen."

KAREN DUVE (*1961),
deutsche Schriftstellerin, Autorin von «Anständig essen» (*4)

„Wenn wir an einer Gewohnheit festhalten, die uns selbst in vielfältiger Weise schädigt, unsere Umwelt massiv vergiftet und niemandem nützt, dann kann man das nur mehr als Wahnsinn bezeichnen."

HELMUT F. KAPLAN (*1952),
Salzburger Ethiker, Autor von «Leichenschmaus» (*9)

„Ich fühle zutiefst, dass geistiges Wachstum in einem gewissen Stadium uns gebietet, damit aufzuhören, unsere Mitgeschöpfe zur Befriedigung unserer leiblichen Bedürfnisse zu schlachten."

MAHATMA GANDHI (1869 – 1948),
Rechtsanwalt, Widerstandskämpfer, Revolutionär, Publizist, Morallehrer, Asket, Pazifist und bester Mensch der Welt (*29)

„Nichts wird die Gesundheit des Menschen und die Chancen auf ein Überleben auf der Erde so steigern wie der Schritt zur vegetarischen Ernährung."

ALBERT EINSTEIN (1879 – 1955),
Physiker, größtes Genie der Weltgeschichte (*29)

17 Exkurs II: Religion

Fleischkonsum in den Religionen

Ich möchte dieses Buch mit einem weiteren Exkurs abschließen. Das Kapitel Religion einzufügen ist eigentlich unnötig. Wir haben oben bereits gesehen, dass der Fleischverzehr völlig unzulässig ist. Dazu gibt es heute viele Atheisten, die sich von religiösen Dogmen nicht leiten lassen, sondern allein die Logik und die Naturwissenschaften anerkennen. Diese Leser mögen das Bisherige nach Hegels Dialektik beurteilen und dieses Kapitel auslassen.
Für alle anderen mag sich die Einstellung der Religionen zum Fleischverzehr als interessant erweisen, besonders, wenn man die objektive Vereinbarkeit von Christentum, Islam und Judentum erkannt hat (vergleiche hierzu Lessings Ringparabel in «Nathan der Weise»).

Ich werde hier nur die monotheistischen Weltreligionen und den Buddhismus behandeln, da sich der Hinduismus und der Chinesische Universismus durch ihre vielströmigen Einflüsse schwer erfassen lassen. Jedoch möchte ich klarstellen, dass Konfuzius den Fleischverzehr abgelehnt hat.

„Der Geist aller Menschen erträgt es nicht, andere leiden zu sehen. Daher ist ein hochstehender Mensch betroffen, wenn er Tiere lebend gesehen hat, und erträgt es nicht, sie sterben zu sehen; hat er ihre Todesschreie gehört, erträgt er es nicht, ihr Fleisch zu essen."
MENZIUS, KÖNIG HUI VON LIANG, Kapitel 4

Auch Jesus hat den Fleischverzehr explizit verboten (s. u.). In den Veden, den hinduistischen Schriften, wird der Fleischverzehr ebenfalls aus ethischen Gründen an mehreren Stellen verboten. Es sind Gründe, die im oberen Text bereits hinreichend dargelegt worden sind.

Das Judentum wird nicht extra berücksichtigt, da das Alte Testament und der jüdische Tanach identisch sind.

Christentum

Jesus hat den Fleischverzehr ganz explizit verboten. Die entsprechenden Texte finden sich allerdings in der heutigen evangelischen Lutherbibel nicht (s. Erklärung weiter unten). Jedoch gibt es viele Stellen des Alten Testaments, welche den Fleischverzehr klar verbieten. Zum Beispiel:

„Wer einen Ochsen schlachtet, ist eben als der, der einen Mann erschlüge."

Bibel, Jesaja 66, 3

„Genau wie die grünen Kräuter habe ich euch alles gegeben. Nur Fleisch mit Leben drin, in welchem Blut ist, sollt ihr nicht essen. Und gewiss werde ich euer Lebensblut einfordern; von jedem Tier werde ich es einfordern, und von des Menschen Hand, von der Hand des Bruders eines jeden, werde ich das Leben des Menschen einfordern."

Bibel, Genesis, 9,3 – 9,5

Ähnliche Stellen finden sich in: „Sprüche" (15,17 + 23,20), „Römer" (14,21), „Daniel" (1; 11,16.) u. a.

Dass sich die entsprechenden Texte nicht in den Evangelien finden, hat einen einfachen Grund: Im ersten Konzil, dem Konzil von Nicäa im Jahre 325, wurde festgelegt, was in den Kanon der Bibel aufgenommen werden sollte. Viele apokryphe Schriften, beispielsweise das Evangelium des Thomas oder das des Judas, wurden nicht in den Kanon aufgenommen. Außerdem wurden viele Texte korrigiert und ‚bereinigt', sodass nur die Inhalte in die Bibel Einzug hielten, welche den damaligen Machthabern zusagten. Kaiser Konstantin, der beschloss, das Christentum als Staatsreligion einzuführen, war bestrebt, in seiner sanktionierten Religion nur zuzulassen, was ihm seine Macht erhielt und ihm persönlich gefiel. Fleischverzehr war zuvor in der römischen polytheistischen Religion natürlich erlaubt gewesen. So richtete er das Konzil aus und stellte sicher, dass ihm unverzichtbare Gewohnheiten durch die neuen Lehren nicht strittig gemacht werden konnten. Die Textstellen des Alten Testaments konnte er jedoch nicht löschen, da sie sich auch im jüdischen Tanach befinden, auf den er keinen Zugriff hatte.

Zum Beispiel wurden die Zwölf Gebote Jesu auf zehn gekürzt sowie seine Lehren über die vegetarische Ernährung, den Tierschutz und die Tierliebe entfernt!

Der original aramäische Text, welcher im Jahre 40 n. Chr. von Jesusjüngern verfasst wurde, ist jedoch in Form von Schriftrollen aus dem ersten Jahrhundert erhalten geblieben.

„Sie wurden zwischen den Jahren 1947 und 1956 in elf Felshöhlen nahe der Ruinenstätte Khirbet Qumran im Westjordanland entdeckt. Sie umfassen rund 15.000 Fragmente von etwa 850

Rollen aus dem antiken Judentum, die von mindestens 500 verschiedenen Schreibern zwischen 250 v. Chr. und 40 n. Chr. beschriftet wurden. Darunter sind etwa 200 Texte des späteren Tanach, die bislang ältesten bekannten Bibelhandschriften. Später wurden noch weitere antike Schriftrollen in Höhlen nahe dem Westufer des Toten Meeres gefunden."

Wikipedia

Diese Schriftrollen enthalten auch das ursprüngliche und vollständige Johannes-Evangelium, ohne die durch das erste Konzil vorgenommenen Streichungen. Die Rollen befinden sich heute im Vatikan. Der Text liegt uns jedoch in Buchform vor, herausgegeben von G. J. R. OUSELEY, erschienen im Humata Verlag Harold S. Blume.

Auszüge

Und an einem Tage ging Er einen Bergpfad nahe der Wüste entlang, und da begegnete Ihm ein Löwe, den eine Menge Menschen mit Steinen und Wurfspießen verfolgten, um ihn zu töten. Aber Jesus verwehrte ihnen mit den Worten: „Warum verfolgt Ihr die Geschöpfe Gottes, die edler sind als Ihr? Durch die Grausamkeit der Menschen vieler Geschlechter wurden die Tiere zu Feinden des Menschen gemacht, des Menschen, der doch ihr Freund sein sollte. So wie die Macht Gottes sich in ihnen zeigt, so auch Seine lange Duldung und Sein Mitleiden. Höret auf, dieses Geschöpf zu verfolgen, das Euch kein Leid zufügen will. Seht Ihr denn nicht, wie es vor Euch flieht und von Eurer Wut erschreckt ist?"

Und als Jesus mit einigen Jüngern dahinging, begegnete Er einem Mann, der Hunde abrichtete, um andere Tiere zu jagen. Und Er sprach zu dem Manne: „Warum tust Du dieses?" Und der Mann antwortete: „Weil ich davon lebe. Was für einen Nutzen haben diese Tiere denn? Sie sind schwach, meine Hunde aber sind stark." Und Jesus sprach zu ihm: „Du kennst nicht Weisheit noch Liebe. Siehe, jedes Geschöpf, von Gott erschaffen, hat seinen Sinn und Zweck. Und wer kann sagen, was Gutes in ihm ist und zu welchem Nutzen für Dich und andere Menschen? Siehe die Felder, wie sie wachsen und gedeihen, und die Bäume, wie sie Früchte tragen, und die Kräuter! Was willst Du noch mehr als das, was Dir die ehrliche Arbeit Deiner Hände gibt? Wehe den Starken, die ihre Stärke missbrauchen! Wehe den Klugen, die die Geschöpfe Gottes verwunden! Wehe den Jägern, denn sie sollen selbst gejagt werden." Und der Mann wunderte sich sehr und ließ davon ab, die Hunde zur Jagd abzurichten und lehrte sie, Leben zu retten und nicht, es zu verderben. Und er nahm die Lehre Jesu an und wurde Sein Schüler.
Und da kamen sie an einen Berg, dessen Wege sehr steil waren, und fanden einen Mann mit einem Lasttier. Das Pferd war zu Boden gestürzt, denn die Last war ihm zu schwer, und der Mann schlug es, dass das Blut von dem Körper des Tieres rann. Und Jesus trat zu dem Manne und sprach: „Du Sohn des Gräuels, warum schlägst Du Dein Tier? Siehst Du denn nicht, dass es für seine Last viel zu schwach ist, und weißt Du nicht, dass es Schmerz leidet?" Der Mann antwortete: „Was hast Du damit zu schaffen? Ich kann mein Pferd schlagen, soviel es mir gefällt; denn es gehört mir, und ich kaufte es für eine schöne Summe Geldes. Frage nur die anderen, sie kennen mich und wissen es." Und einer von den Jüngern sagte: „Ja, Herr, es ist so, wie er

sagt. Wir waren dabei, als er das Pferd kaufte." Da erwiderte Jesus: *„Sehr Ihr denn nicht, wie es blutet, und höret Ihr nicht, wie es stöhnt und jammert?"* Sie aber antworteten: *„Nein, Herr, wir hören nicht, dass es stöhnt und jammert!"* Da wurde Jesus traurig und sprach: *„Wehe Euch, Ihr Hartherzigen, da Ihr nicht höret, wie es um Mitleid klagt und schreit zu seinem Himmlischen Schöpfer, und dreimal wehe dem, gegen den es schreit und stöhnt in seiner Qual!"*

Und es geschah eines Tages, da Jesus Seine Rede vollendet hatte, in einem Orte nahe von Tiberias, wo sieben Quellen sind, dass ein junger Mann Ihm lebende Kaninchen und Tauben brachte, dass Er sie mit seinen Jüngern verzehre. Und Jesus blickte den jungen Mann liebevoll an und sprach zu ihm: *„Du hast ein gutes Herz und Gott wird Dich erleuchten; doch weißt Du nicht, dass Gott am Anfange dem Menschen die Früchte der Erde zur Nahrung gab und ihn nicht geringer machte als den Affen oder den Ochsen oder das Pferd oder das Schaf, dass er seine Mitgeschöpfe töten und ihr Fleisch und Blut verzehren solle? Ihr wisset, dass Moses wahrhaftig befahl, solche Geschöpfe zu opfern und zu verzehren und so tuet Ihr im Tempel; aber siehe, ein Größerer als Moses ist hier und kommet, die Blutopfer des Gesetzes und die Gelage abzuschaffen und wieder herzustellen die reine Gabe und das unblutige Opfer, wie es im Anfang war, nämlich die Körner und Früchte der Erde."*

Und Jesus kam in ein Dorf und sah dort eine kleine Katze, die herrenlos war, und sie litt unter Hunger und schrie. Und er nahm sie in Seine Arme und hüllte sie in Sein Gewand und ließ sie an Seiner Brust ruhen. Und als er weiter in das Dorf hineingekommen war, gab Er der Katze Nahrung und Trank. Und sie aß und trank und sie zeigte Ihm Dankbarkeit. Und Er gab sie *einer Seiner Jüngerinnen, welche eine Witwe war mit Namen Lorenza, und sie nahm sie in Pflege. Und einige aus dem Volke sprachen: „Dieser Mann sorget für alle Tiere. Sind sie seine Brüder und Schwestern, dass er sie so liebet?" Und Er sprach zu ihnen: „WAHRLICH, DIESE SIND EURE MITBRÜDER AUS DEM GROSSEN HAUSHALTE GOTTES, EURE BRÜDER UND SCHWESTERN, DIE DEN SELBEN ATEM DES LEBENS VOM EWIGEN HABEN.*

Und wer immer für die Kleinsten von ihnen sorget und gibt ihnen Speise und Trank, als sie nötig haben, der tuet dieses mir, und wer es duldet, dass sie Hunger leiden, und sie nicht schützt, wenn sie misshandelt werden, erleidet dieses Übel, als ob er es mir zugefügt hätte. Denn ebenso wie Ihr in diesem Leben getan habt, so wird es Euch im kommenden Leben getan werden."

puramaryam.de

Das Folgende stammt aus dem Buch «Friedensevangelium der Essener», Teil der Schriftrollen von Qumran, in der Übersetzung von Dr. EDMOND BORDEAUX SZÉKELY, Verlag Neue Erde GmbH:

„Denn wahrlich, ich sage Euch, der, der tötet, tötet sich selbst, und wer vom Fleisch erschlagener Tiere isst, isst vom Körper des Todes. Denn in seinem Blut wird jeder Tropfen ihres Blutes sich in Gift verwandeln, in seinem Atem ihr Atem zu Gestank, ihr Fleisch zu Beulen, in seinen Knochen ihre Knochen zu Kalk, in seinen Eingeweiden ihre Eingeweide zu Verfall, in seinen Ohren ihre Ohren zu wüchsigem Belag. Und ihr Tod wird sein Tod werden. Denn nur im Dienste Eures himmlischen Vaters werden Eure Schulden von sieben Jahren in sieben Tagen vergeben.

Doch Satan vergibt Euch nichts und ihr müsst ihm für alles bezahlen: Auge um Auge, Zahn um Zahn, Hand um Hand, Fuß um Fuß, Brennen um Brennen, Wunde um Wunde, Leben um Leben, Tod um Tod. Denn der Lohn der Sünde ist der Tod. Tötet nicht, noch esst das Fleisch Eurer unschuldigen Beute, damit Ihr nicht Sklaven Satans werdet. Denn dies bedeutet den Pfad des Leidens, und er führt zum Tode."

Und einer rief: „Was soll ich denn tun, Meister, wenn ich im Walde ein wildes Tier meinen Bruder zerreißen sehe? Soll ich meinen Bruder umkommen lassen oder das wilde Tier töten? Werde ich dann nicht das Gesetz übertreten?"
Und Jesus antwortete: „Zu denen vor alter Zeit wurde gesagt: Alle Tiere, die sich auf Erden bewegen, alle Fische des Meeres und alle Vögel der Luft sind Eurer Macht übergeben. Ich sage Euch wahrlich, von allen Geschöpfen, die auf Erden leben, hat Gott nur den Menschen nach Seinem Bilde geschaffen. Daher sind die Tiere für den Menschen da, nicht aber der Mensch für die Tiere. Daher übertrittst Du das Gesetz nicht, wenn Du das wilde Tier tötest, um Deines Bruders Leben zu retten. Denn ich sage Euch wahrlich, der Mensch ist mehr als das Tier. Wer jedoch ein Tier ohne triftigen Grund tötet, auch wenn es ihn nicht angreift, aus Mordlust oder wegen seines Fleisches, oder wegen seines Felles, oder selbst wegen seiner Zähne, der begeht eine böse Tat; denn er selbst ist zu einem wilden Tier geworden. Daher wird sein Ende auch das eines wilden Tieres sein."

Islam

Die islamische Lehre kennt den Fleischverzehr nur unter bestimmten Voraussetzungen. Jedoch lässt sich aus verschiedenen Stellen im Koran eindeutig eine vegetarische Lebensweise herleiten.
„Kein Getier gibt es auf Erden, keinen Vogel, der auf seinen Schwingen dahin fliegt, der nicht Gemeinschaft wäre gleich euch!"
MOHAMED, Koran Sure 6, 38

„Verboten für euch sind: Totes Fleisch, Blut, Schweinefleisch und das, was einen anderen Namen als Allah angerufen hat, was getötet wurde durch Erdrosseln oder durch einen gewalttätigen Schlag oder durch einen Fall kopfüber oder durch Verbluten."
MOHAMED, Koran Sure 5, 3

Zu beachten ist auch, dass in Mekka, dem Geburtsort Mohameds, kein Tier geschlachtet werden darf. In Mekka soll Harmonie zwischen allen Lebewesen herrschen.
„Wie in anderen religiösen Bewegungen ist auch im Islam der Gründer – Mohammed – viel strikter im Befolgen spiritueller Prinzipien als seine Nachfolger. Aus seinen Biographien geht eine unverkennbare Liebe zu Tieren hervor. Er verbot, dass Vögel als Ziele für Jäger verwendet wurden, Kamele misshandelt wurden, und verlangte, dass diejenigen, die Fisch oder Fleisch zu essen pflegten, vor dem Beten ihren Mund gründlich reinigen mussten."
utopiax.org

Das zeigt uns, dass die vegetarische Lebensweise für Mohamed viel natürlicher war als der Fleischverzehr.

Auch sind nach islamischem Recht einige Vorschriften zu beachten, welche erst zum „halal", also zu erlaubten Handlungen führen. Hühnerfleisch, Kalb oder Hammel, das nicht nach den Prinzipien des Islam geschlachtet wurde, ist demnach nicht halal und darf, genau wie Schweinefleisch, nicht gegessen werden. Unreines Fleisch bleibt unreines Fleisch, auch wenn es nicht vom Schwein stammt. Es ist „haram" und somit verboten.
Fleisch aus Massentierhaltung ist schon a priori haram. Denn die geschlachteten Tiere werden unter anderem mit (zerkleinerten) Leichenteilen von Schweinen gefüttert, genauso wie Hühnerkot und andere Abfallprodukte dem Futter beigemengt sind. Solch hergestelltes Fleisch zu essen wäre für einen Muslim keinesfalls halal, da karnivore Tiere zu essen im Islam allgemein verboten ist.

Buddhismus

Im Buddhismus steht die vegetarische Ernährung völlig außer Frage. Wie Jesus in den Originaltexten des Christentums lehnt SIDDHARTHA GAUTAMA (BUDDHA) den Fleischverzehr gänzlich ab.

"Die Wesen mögen alle glücklich leben, und keinen möge ein Übel treffen. Möge unser ganzes Leben Hilfe sein an anderen! Ein jedes Wesen scheuet Qual, und jedem ist sein Leben lieb. Erkenne dich selbst in jedem Sein und quäle nicht und töte nicht."

SIDDHARTHA GAUTAMA (BUDDHA)

"Für eine vegetarische Ernährung gibt es in den Lehrtexten des Buddhismus viel Zustimmung. In einem Vers, der angeblich der

einzige Text sein soll, den der Buddha selbst niedergeschrieben haben soll, heißt es: ‚Meine Liebe gehört den Kreaturen, die keine Füße haben; auch denen mit zwei Füßen und ebenso denen, die viele Füße haben. Möge alles Geschaffene und Lebendige, mögen alle Wesen, welcher Art auch immer sie seien, nichts erfahren, wodurch ihnen Unheil droht. Möge ihnen niemals Böses widerfahren.' Die von seinen Jüngern niedergeschriebenen Worte bezeugen, dass der Buddha in seine Predigten immer alle Wesen mit einschloss.

Als Buddha und seine Mönche bei einem Almosengang auf eine Gruppe von Kindern trafen, die begeistert einem Krebs die Beine ausrissen, sagte Buddha: „Jedes Lebewesen verdient es, ein Gefühl von Sicherheit und Wohlergehen zu genießen. Wir müssen das Leben schützen und anderen Glück schenken. Alle Lebewesen, seien sie groß oder klein, zwei- oder vierbeinig, ob sie schwimmen oder fliegen – sie alle haben das Recht, zu leben. Wir dürfen andere Lebewesen nicht verletzen oder gar töten. Wir müssen das Leben schützen."

Metta-Sutta, Sn I, 8

So ist es keine Überraschung, dass die vegetarische Ernährung bei Buddhisten großen Anklang findet. So heißt es im Surangama-Sutra: „[...] *wenn wir das Fleisch anderer Lebewesen essen, zerstören wir den Samen des Mitgefühls [...]"* und *„[...] Motivation und Ziel unseres Bemühens ist das Überwinden des Leidens. Wenn wir selber das Leiden überwinden wollen, warum sollen wir es dann anderen zufügen? Wenn Du Deinen Geist nicht so weit bringst, dass er selbst den Gedanken an Gewalt und Töten verabscheut, wirst Du Dich von den Fesseln dieser Welt nie befreien."*

Noch deutlicher steht es im Lankavatara-Sutra:

"*Um keine Lebewesen zu schrecken, soll ein bodhisattva, der sich dem Mitgefühl auch als Selbstdisziplin unterwirft, kein Fleisch essen [...] Es ist nicht wahr, dass Fleisch richtige und erlaubte Nahrung ist, wenn das Tier nicht von ihm selbst getötet wurde, wenn er andere nicht beauftragt hat, es zu töten, wenn es* [das Töten des Tieres, Anm. d. Autors] *nicht speziell für ihn erfolgt ist [...] Es mag in Zukunft Menschen geben, die [...] unter dem Einfluss ihres Verlangens nach Fleisch viele ausgeklügelte Argumente auf die verschiedensten Arten hervorbringen, um den Fleischverzehr zu rechtfertigen [...] Aber [...] der Fleischverzehr in jeder Form, auf jede Art und Weise, ist überall und ohne Ausnahme und für immer verboten [...] Ich habe niemandem das Fleischessen erlaubt, ich erlaube es nicht und ich werde es nicht erlauben.*"

Vegetarierbund Deutschland

"*Auf das Essen von Fleisch zu verzichten, ist also eine direkte Umsetzung des ersten ethischen Vorsatzes des Nicht-Tötens und Nichtverletzens, der im Buddhismus von zentraler Bedeutung ist. Dabei geht es allerdings nicht nur darum, kein Leben zu nehmen, sondern auch darum, liebevolle Güte zu kultivieren und die Grundlage für das Leben – auch das zukünftiger Generationen – zu bewahren. In diesem Zusammenhang sollten wir auch bedenken, dass für die Produktion von Fleisch ein Vielfaches an Energie und natürlichen Ressourcen gegenüber der Produktion pflanzlicher Nahrungsmittel verbraucht wird.*"

buddhistisches-tor-berlin.com

18 Literaturverzeichnis

Hauptquellen

Wer Fleisch essen möchte, der muss auch die Verantwortung für sein Handeln übernehmen.

Hierzu:
- Duve, Karen: „Anständig essen"
- Foer, Jonathan Safran: „Tiere essen"
- Risi, Armin und Zürrer, Ronald: „Vegetarisch leben"

Die grundlegende und universelle Moral spielt eine große Rolle.

Hierzu:
- Kaplan, Helmut F.: „Leichenschmaus"
- Precht, Richard David: „Wer bin ich und wenn ja wie viele?"
- Singer, Peter: „Die Befreiung der Tiere"

Quellenangaben mit Fußnoten

1. Risi, Armin und Zürrer, Ronald: „Vegetarisch leben" (2012)
2. Campbell, Colin T.: „China study" (2005)
3. Dr. med. Henrich, Ernst Walter: „Vegan, die gesündeste Ernährung" (ProVegan, 11/2012)
4. Duve, Karen: „Anständig essen" (2012)
5. Foer, Jonathan Safran: „Tiere essen" (2009)
6. Lendle, Gabriele und Dr. med. Henrich, Ernst Walter: „Ab jetzt vegan" (2012)
7. Schlag, Gabi und Wenz, Benno: „Können Tiere denken?" (Arte, 2012)
8. „Können Tiere denken?", Interview mit Dominik Perler (Die Welt online, 07.01.2007)
9. Kaplan, Helmut F.: „Leichenschmaus" (2011)
10. Radisch, Iris: „Lasst das!" (Die Zeit, 33/2010)
11. Sir Ustinov, Peter: „Achtung Vorurteile" (2003)
12. Messinger, Nina: „Du sollst nicht töten" (2012)
13. Albert-Schweizer-Stiftung.de
14. Cronberg, Marsili: „Wie ich verlernte, Tiere zu essen" (2012)
15. Precht, Richard David: „Wer bin ich und wenn ja, wie viele?" (2007)
16. Streck, Michael und Elmer, Christina: „Unser täglich Fleisch" (Stern, 7/2012)
17. nabu.de
18. Simank, Peter: „Gejagte Jäger – zwischen Naturliebe und Blutsport" (MDR, 22.01.2014)
19. Heinrich-Böll-Stiftung: „Der Fleischatlas 2013"
20. „Einfach Vegan!", Vegetarisches Starter-Kit, PETA
21. „Das Schweinesystem" (Der Spiegel, 43/2013)

22. „Die Vegetarier-Welle" (Der Spiegel, 3/2011)
23. Singer, Peter: „Animal Liberation" (1975, 1990)
24. „ Ein Ruck durchs Leben" (FAZ-online, 16.01.11)
25. Precht, Richard David: „Precht" (ZDF, 09.12.2012)
26. „Die Fleischindustrie zerstört diesen Planeten", Interview mit Karen Duve und J. S. Foer, (Süddeutsche Zeitung online, 28.01.2011)
27. „Warum Fleischesser Vegetarier anfeinden" (Süddeutsche Zeitung online, 03.02.2012)
28. Newkirk, Ingrid: „Die vegane Küche" (1997)
29. Vebu.de
30. „Fleischlos glücklich" (Stern, 4/2011)
31. Sezgin, Hilal: „Artgerecht ist nur die Freiheit" (2014)
32. Wikipedia.de
33. Deutsch-daten.de
34. Gutzitiert.de
35. Fleisch-macht-krank.de
36. Peta.de
37. „Fleischlos glücklich" Stern Nr. 4 2011

Weiterführende Medien

- „Die Frankenstein-Industrie! (TAZ-Online, 10.01.2013)
- „Ein US-Autor verdirbt uns den Appetit auf Fleisch" (Die Welt online, 13.08.2010)
- „Nie wieder Fleisch" (Arte, 2013)
- „WDR-Servicezeit" (25.09.2013)
- Dr. Loske, Karl-Heinz: „Von der Jagd und den Jägern" (2006)
- „Die Jagd" (3-Sat, 2013)
- Werner, F.: „Was Jäger verschweigen" (2013)
- „Die Schorfheide-Adler und Wölfe in Brandenburg" (NDR, 20.12.2013)
- „Schweine für den Müllcontainer" (3-Sat, 17.01.2014)
- „Yourope, was isst Europa in Zukunft" (Arte, 26.01.2014)
- „Invitro-Fleisch" (Arte, 2013)
- „Der Schweinebaron" (3-Sat, 2013)
- „Wachstumsmarkt Welthunger" (Arte, 25.03.14)
- „Hunger" (Arte, 25.03.14)
- „Vegetarier gegen Fleischesser – das Duell" (ZDF, 10.06.2014)
- „45 min. armes Schwein" (NDR, 26.05.2014)
- wikipedia.de
- vebu.de
- utopiax.org
- suprememastertv.com/de
- jagdkritik.ch
- wasjaegerverschweigen.de
- anti-jagd.blog.de
- youtube.de
- bund.de